La Révélation de notre essence

La *Svarûpa Prakâshikâ* de Nâga

Lecture et traduction par David Dubois

Copyright 2018 © David Dubois

ISBN : 979-10-93925-19-6

La Révélation de notre essence

de Nâga

Sommaire

La Révélation de notre essence 3

    Introduction 7

    Traduction du texte sanskrit 11

    Commentaires 27

Introduction

L'*Introduction au (culte de) la Déesse Suprême*, aussi intitulée *Illumination ou Révélation de notre essence[1]*, est probablement l'œuvre d'un certain Nâgânanda, ayant vécu dans le Sud de l'Inde. Dans l'édition des Kashmir Sanskrit Series, ce texte est attribué au Cachemirien Kshéma Râdja mais, comme l'a découvert le professeur Alexis Sanderson, l'auteur est bien un certain Nâga, quoi que l'on ignore tout de lui par ailleurs[2].

Cette œuvre prend place dans un ensemble abondant de textes sur le culte ésotérique de la Déesse Suprême (*parâ*), enseigné dans un bref Tantra, *La Suprême, souveraine des Trois Puissances*[3]. Et surtout, sa philosophie part d'un vaste commentaire à cette révélation, explication brillante formulée par le grand maître du "shivaïsme du Cachemire", Abhinava Goupta (950-1025). Cette immense méditation[4], qui traduit les symboles rituels en phénomènes reconnaissables de l'expérience courante, n'a pas été traduite en français. Il faut ajouter que c'est un texte particulièrement ardu. En voici donc un premier aperçu, à

---

[1] *Svarûpaprakâshikâ*.
[2] *The Saiva Literature*, p. 69.
[3] *Parâtrîshikâ*.
[4] *Parâtrîshikâvivarana*.

travers ce petit texte, qui est comme une introduction à cet enseignement tantrique.

Cette philosophie s'inscrit, plus largement, dans la tradition de la Triade (*Trika*) dont Abhinava Goupta fut le maître le plus influent. Toutefois, cette tradition ne vient pas du Cachemire, mais du Sud de l'Inde, où l'on trouve une inscription qui la mentionne en 956. Parmi les commentaires d'Abhinava Goupta dans la tradition du Trika, ont été traduit en français les cinq premiers chapitres du *Tantrâloka*[5], le début du *Tantrasâra*[6] et un bref poème, la *Bodhapanchadashikâ*[7].

Voici donc une brève entrée à cette tradition, qui est l'une des branches du kaulisme (*kula-dharma*), tradition tantrique non-dualiste qui met l'accent sur le corps comme lieu de l'éveil spirituel.

Pour situer notre texte nous pouvons donc dire qu'il est dans la tradition de la Déesse Suprême, qui elle-même est une branche de la Triade, laquelle est une branche du kaulisme, qui lui-même est un mouvement ésotérique à l'intérieur du tantrisme.

---

[5] *La Lumière sur les tantras*, Institut de civilisation indienne, De Boccard, 1995.
[6] dans *Les voies de la mystique*, Les Deux océans, 1981.
[7] *Poème pour l'éveil*, Lulu, 2015.

Pour ce petit livret, j'ai choisi de ne pas aborder les allusions au *rituel* de la Déesse Suprême. Cela nous mènerait trop loin, intéresserait sans doute peu de lecteurs et, de toutes façons, la tradition d'Abhinava Goupta s'inscrit dans une philosophie qui souligne le rôle salvateur de la connaissance, le rituel n'étant qu'une mise en image des concepts et des expériences spirituelles.

Traduction du texte sanskrit

La Révélation de notre essence

ou

Introduction au Tantra de la Déesse Primordiale, Souveraine de la Triade

Nous célébrons la conscience,
Cœur du Seigneur suprême,
qui à la fois est toute chose
et transcende toute chose,
et qui se manifeste clairement
à travers (ses) Puissances
- à commencer par la (Déesse) Primordiale.

En ce monde-ci, en vérité, le Seigneur suprême est Lumière consciente. Or la Lumière consciente est Prise de conscience[8]. Cette "Prise de conscience" est la manifestation

---

[8] [En guise de notes à la traduction, et avant notre commentaire, voici celles composées en sanskrit par l'éditeur cachemirien du texte, Moukounda Râma

éclatante et véritable - « je » - à travers (trois aspects) : la création de toute chose, la mise en lumière de toute chose et la résorption de toute chose.[9]

Si le (Seigneur) était dépourvu de Prise de conscience il s'ensuivrait qu'il serait privé de souveraineté et inerte (comme la matière).[10]

Et c'est cette même Prise de conscience qui est proclamée dans les tantras sous les termes de conscience, conscience dynamique, parole suprême apparue spontanément, liberté, excellente souveraineté du Soi ultime, libre activité, claire manifestation, essence, cœur, vibration, etc.[11]

Shâstrî, en 1918.]
Il ajoute « Or la Lumière consciente est essentiellement Prise de conscience » en réponse à l'objection suivante : si l'on dit que le Seigneur suprême est Lumière consciente, n'est-il pas alors comme la conscience isolée (de toute activité, celle) des partisans d'un Absolu inactif, (c'est-à-dire celle des partisans du Vedânta) ?
[9] La Prise de conscience elle-même est double selon qu'elle est limité ou illimitée. Ici, l'auteur n'emploie pas ce terme au sens de prise de conscience limitée propre aux « expérimentateurs du vide », etc., laquelle consiste en une fragmentation de la Lumière consciente (illimitée) qu'est la conscience. Quant à la prise de conscience (illimitée), elle n'est autre que l'expérience émerveillée de la subjectivité en sa plénitude : « Je façonne tout ceci (création), je le manifeste (subsistance) et je l'identifie à moi (résorption) ».
[10] De même que la lumière du soleil est privée (du pouvoir) de prendre conscience (d'elle-même), n'étant pas autonome et se retrouvant de ce fait du côté de l'objet inerte puisqu'elle dépend d'une autre (« lumière » - celle de la conscience d'un observateur, pour être manifestée), de même cette manifestation qu'est la conscience subirait le même sort si elle était privé de conscience (d'elle-même).

Par conséquent[12], le Seigneur suprême autolumineux, qui est, en

---

[11] Dans la doctrine enseignée par Shiva l'importance de la Prise de conscience est soulignée dans tous les tantras. C'est elle qui est mentionnée dans le langage propre à chaque tantra.
C'est ainsi que « conscience dynamique » suggère la Prise de conscience elle-même, l'essence su Soi.
D'autres termes décrivent ses attributs, tels que « parole suprême spontanément présente». La (conscience est) parole (car elle) « prononce » le monde en se le représentant. Elle est « suprême » en raison de sa plénitude et parce ce qu'elle constitue le fond de toutes les autres représentations. C'est donc parce qu'elle est toujours (déjà) présente sous la forme « je » - conscience parfaitement homogène car rien ne peut lui faire obstacle - qu'elle est « spontanément présente ».
« Liberté » signifie (que la conscience) est différente de ce qui est inerte car elle possède les caractéristiques suivantes : elle est indépendante car elle unifie et multiplie par elle-même (les objets). Elle unifie en elle-même les objets qu'elle a extériorisé, puis les multiplie à nouveau et s'humilie dans la condition propre aux sujets (qui s'identifient) au vide, etc.
« Souveraineté » car elle ne dépend de rien pour créer le monde. Elle n'est contrainte par aucune nécessité, au contraire des dieux comme Brahmâ, qui n'ont le pouvoir d'engendrer la matière que par la puissance du désir d'un autre, (à savoir, la conscience).
« Libre activité » : cette libre activité est l'éclosion des objets, depuis Shiva jusqu'à l'élément Terre, tout comme un yogi peut créer (des objets par la puissance de son seul désir). Et ceci à travers une relation causale qui n'a rien de commun avec celles de ce monde, dans la mesure où (tout apparaît) identique à, et à l'intérieur de, sa Lumière consciente.
« Claire manifestation », car si les (objets) comme le vase, par exemple, ne dépendaient pas de cette claire manifestation, alors ils se manifesteraient clairement à tous à chaque instant, ou bien (jamais) à personne ! Il s'ensuivrait que chacun serait omniscient, ou bien à l'opposé, que personne ne serait conscient de rien.... Par conséquent, dire que "(Cela) m'apparait clairement", revient à dire que je suis "possédé" (et comme envahi) par cette claire manifestation (en dehors de laquelle rien ne saurait se manifester).
« Essence » désigne l'essence sans défaut qui n'est autre que le pouvoir de Prise de conscience du Seigneur suprême.
« Cœur » car la (conscience) est le lieu ou toute chose a son fondement.
« Vibration » désigne cette apparence de mouvement dans la manifestation de la conscience immobile, dans la mesure où elle fait apparaître le monde séparément (d'elle-même) au moment même où il n'en est pas séparé.

substance, le "je" véritable, se manifeste clairement grâce à sa Puissance de souveraineté absolue. C'est lui qui se manifeste comme monde, depuis Shiva jusqu'à (l'élément) Terre.

Lui seul[13] est la capacité d'agir et la sensibilité (des choses et des êtres) de ce monde[14]. De même, cet univers en tant qu'il est un effet, est une manifestation subordonnée à sa (conscience). Ainsi constitué, ce monde est inséparable du créateur, le grand

---

[12] « Par conséquent » : en ajoutant cela, l'auteur résume les caractéristiques du pouvoir de Prise de conscience : du fait même de la grandeur du pouvoir de Prise de conscience, le Seigneur suprême se manifeste de lui-même comme ce déploiement varié qu'est le monde. Ceci suggère que (pour les êtres ordinaires) cette libre activité n'est pas reconnue parce qu'elle est "censurée" par des représentations incomplètes au sujet du monde créé par une cause différente commençant par l'Illusion magique (Mâyâ), la Nature, etc.

[13] « Lui seul » : l'auteur veut dire que cette capacité d'agir n'est ultimement parlant que la claire manifestation du suprême Seigneur comme univers. Et c'est seulement parce qu'elles sont sa claire manifestation que les choses qui se manifestent en cet instant peuvent être conscientes.

[14] L'auteur précise « de ce monde » en réponse à l'objection suivante : « En quel sens dit-on du monde qu'il est un effet ? Est-il séparé ou non (du suprême Seigneur qui est sa soi-disant cause) ? Si (le monde) est séparé (du Seigneur-conscience), la prétendue indépendance de ce suprême Seigneur créateur de ce (monde) est impossible. (Mais) si (le monde comme effet) n'est pas différent (du Seigneur comme cause) pourquoi alors (parler de cause et d'effet) » ? Il suggère cette réponse : « Sans cette suprême Lumière consciente (qu'est ce suprême Seigneur), il est impossible d'avoir une expérience subjective, car (alors) nous n'aurions maintenant conscience de rien. Et alors l'existence corporelle disparaîtrait, privée de tout fondement. Voilà tout ce qu'on entend lorsqu'on affirme que ce monde est « un effet » : on parle (du Seigneur et du monde comme étant) séparés, alors même (qu'en réalité) qu'il n'y a aucune séparation. (Et nous parlons ainsi) à cause d'une apparence de séparation (qui elle-même à son origine dans) la liberté (du Seigneur, apparence) semblable à une illusion magique ».

Seigneur en forme de Lumière consciente. Si le connaissable était séparé[15], il ne serait absolument rien, car il serait séparé de la Lumière consciente en ce sens qu'il ne serait pas actuellement manifeste.

Et l'essence manifestatrice de ce Seigneur n'est jamais occultée par ce monde[16]. Comment ce monde actuellement manifesté pourrait-il occulter le Soi, alors qu'il est fondé par sa Manifestation, sa Lumière consciente, et animé par lui ? Et lui ayant fait obstacle, en quel sens lui-même existerait-il ? Et par conséquent[17], la vraie nature du (monde) est l'essence du sujet conscient, (c'est-à-dire le Seigneur lui-même) qui prouve et réfute (sa propre existence). C'est lui qui rend possible les jugements

---

[15] « Si le connaissable était séparé » : si le monde n'est pas séparé (du Seigneur), il peut se permettre d'apparaître. Autrement, les affaires de ce monde - comme par exemple prendre et donner – périraient, car elles sont dépourvues de consistance propre (en l'absence de Lumière consciente).

[16] Il dit « par ce monde » pour lever le doute suivant : « Mais si le monde n'est pas séparé du Seigneur suprême, alors fatalement il y a une différence essentielle dans le Seigneur suprême à cause de l'apparition actuelle de ce monde essentiellement identique à la Lumière consciente. N'est-il pas en cela masqué à présent ? » - Il faut comprendre au contraire que si il y avait obnubilation de la Lumière consciente, nous-mêmes péririons (car nous ne serions plus manifestés).

[17] « Et par conséquent » : ayant voulu dire que les facteurs tels que l'enseignant, etc. sont impuissants en ce qui concerne le Seigneur établi antérieurement (à ces facteurs), il veut dire que les moyens de connaissance droites - les preuves - qui lui sont subordonnés, ne peuvent l'établir. C'est pourquoi le fait qu'il est évident par soi est établi par notre expérience.

synthétiques que sont les raisonnements du type : « Ceci est une preuve, cela est une contre-preuve » au sujet de cette réalité.

On doit inférer la vraie nature du réel en se posant la question « Qu'est-ce qui peut faire connaître sa vraie nature ? Qu'est-ce qui peut faire connaître pareille essence ?» Et ainsi, le fait que le grand Seigneur, établi avant (toutes les choses de ce monde) est évident par soi en tant qu'essence du questionneur, est établi par notre propre expérience.

En outre[18] c'est en s'appuyant sur le moyen de connaissance (qu'est la perception par les cinq sens) que ce moyen de connaissance (qu'est l'inférence) devient valide. Or, les objets perçus directement, tels que sentiments, perceptions, sensations et corps, sont subordonnés à - et transcendés par - l'essence du sujet connaissant toujours actuellement manifesté, lieu de repos de toutes ces cognitions. Pour le prouver, quelle peut être l'utilité[19]

---

[18] « En outre » Il veut dire par là que nul moyen de connaissance droite n'est adéquat ici, puisque (le Seigneur) est déjà établi en ce sens que c'est la manifestation qu'est la conscience qui elle-même imagine et forge de toutes pièces les moyens de connaissance droite quand aux affaires de ce monde qu'elle anime. Les choses de ce monde, parce qu'elles dépendent de la Lumière consciente suprême, ne peuvent objectiver notre propre Soi : comment alors pourraient-elles le prouver ou le réfuter ?

[19] « Quelle peut-être leur utilité ? » Les processus de connaissance valides, qui consistent en la manifestation d'un objet qui ne l'était pas jusqu'alors, tiennent leur certitude de ce qu'ils sont fondés dans le sujet connaissant. Or, la manifestation du sujet connaissant ne peut être interrompue puisqu'il est toujours (déjà) manifesté. C'est donc en lui-même, dans l'intériorité, qu'il

de ces moyens de connaissance qui ne servent qu'à manifester des objets jamais vu (alors que le Seigneur est toujours déjà-là) ?

Et ainsi, le déploiement (des choses de ce monde analysé) en trente-six éléments ou catégories, parce qu'elle a pour essence la Prise de conscience transcendante « je » en sa plénitude, « consistant en la totalité des sons »[20], n'est autre que le suprême Shiva. Et ces trente-six catégories[21] sont : 1 Shiva 2 la Puissance 3 l'Eternel Shiva 4 le Seigneur 5 la Pure Science 6 l'Illusion 7 Activité limitée 8 Science limitée 9 Désir limité 10 le Temps 11 la Causalité 12 la Personne 13 la Nature 14 l'Intellect 15 l'Ego 16 le Sens Commun 17 l'Ouïe 18 le Toucher 19 la Vue

---

expérimente le fruit de tous les processus de connaissance. Dés lors, comment une apparence inédite pourrait-elle être adéquate ? Et où donc le résultat de ce processus cognitif irait-il reposer ? C'est pourquoi les moyens de connaissance valides sont adéquats pour les objets tels que les sentiments, les perceptions, les sensations ou le corps, mais pas pour le Seigneur suprême qui est l'âme de ces moyens de connaissance valide. C'est ce qu'affirme Utpaladeva :
Les moyens de connaissance valide sont l'âme des choses.
Eux-mêmes sont animés par le Seigneur suprême.

[20] La « totalité des sons » signifie que la série des lettres (de l'alphabet sanskrit) de « a » à « ha », embryon de toutes les choses de ce monde, en forme de repos dans la liberté, puisqu'elle n'est incitée par rien d'extérieur, se représente parfaitement ce qu'elle est sous la forme suivante : « La Lumière consciente de ce qui se manifeste, c'est moi ». C'est elle, l'essence sans défaut des choses dont elle est la cause.

[21] « Les trente-six catégories » sont les catégories de choses. Une catégorie est ce qui apparaît un et indivis comme les différentes séries de consonnes, de même que les montagnes, les arbres, les villes, etc., les fleuves et les rivières, la terre etc.

20 la Langue 21 l'Olfaction 22 la Parole 23 la Main 24 le Pied 25 l'Anus 26 le Sexe 27 le Son 28 le Contact 29 la Forme 30 la Saveur 31 l'Odeur 32 l'Espace 33 l'Air 34 le Feu 35 l'Eau 36 la Terre.

(Voici) maintenant leurs caractéristiques.

Selon nous, en vérité, la catégorie « Shiva » n'est autre que le suprême Shiva ayant pour nature propre une pure et parfaite béatitude, faite (des Puissances) de Désirer, de Connaître et d'Agir.[22]

Parce que ce Désir est libre d'entrave, la catégorie de la « Puissance » de Désirer n'est autre que la Vibration initiale du Seigneur suprême assumant le désir de créer le monde.[23]

La catégorie de « l'Eternel Shiva » existe sous la forme de ce monde sur le point d'apparaître et recouvert par le « je », son propre Soi.[24]

---

[22] « La catégorie Shiva » est la beauté de cet espace infini orné des innombrables reflets et apparences de création, subsistance et destruction à l'intérieur de la masse de toutes les catégories. Il transcende toutes les catégories, il est le ravissement de l'évidence du « je » parfait à l'intérieur de tous les sujets connaissant.

[23] La catégorie de la « Puissance » est la représentation transcendante « je ». Elle a pour cause l'accroissement de l'expérience de la béatitude suprême, un désir de se manifester « à l'extérieur » qui procède de la grandeur de la liberté propre à ce (suprême Seigneur).

[24] Lorsque le suprême Seigneur, substrat de pure conscience, manifeste un

La catégorie du « Seigneur » est (le moment où) le monde étant apparu, il est cependant (encore) recouvert par le « je ». [25]

La « Pure Science » est la compréhension de l'unité du « je » et du « cela ».[26]

L' « Illusion » est la manifestation d'une séparation des choses (entre-elles) et d'avec leur essence (consciente).[27]

---

aspect « je » et un aspect « cela », alors c'est la catégorie ou le plan de l' « Eternel Shiva », où prédomine le désir (même de manifester, et non *ce que* le Seigneur désir manifester, à savoir le monde) puisque (celui-ci) n'est (alors) pas (encore) distinctement manifesté, en ce sens que l'objectivité n'est alors que la totalité des choses forgées (par le Seigneur, mais) dont la variété est alors sur le point d'apparaître (et non pas déjà clairement distincte).

[25] Lorsque l'aspect « cela » est distinctement manifesté et que l'aspect « je » demeure (pourtant présent), c'est alors la catégorie du « Seigneur » dans laquelle prédomine la Puissance de connaître. Ce plan ou cette catégorie est identique à celles déjà mentionnées de par son aspect de Prise de conscience "je". Mais il s'en distingue par l'aspect "cela" : il est donc à la fois pur et impur.

[26] Quand, ensuite, l'aspect "je" se déploie pleinement en tant que pure conscience dans la claire manifestation de l'aspect "cela", qui est la totalité des phénomènes et la dualité (librement) assumée - comme dans la théorie des partisans de la non-dualité de la dualité - il y a pour le Seigneur une conscience "je suis cela" (où "je" et "cela" sont à égalité) à la manière des deux plateaux d'une balance. Cette prédominance de la Puissance d'Action est la catégorie, ou le plan de, la Science.

[27] "L'Illusion" : elle est la prouesse de faire sans limite ce qu'il y a de plus difficile, c'est-à-dire de développer l'identification du sujet conscient à ce qui n'est pas conscient, comme par exemple à l'inconscience, tout en faisant apparaître les phénomènes comme n'étant pas conscience, alors même qu'ils *sont* conscience. Elle cache sa véritable essence, étant ainsi l'étoffe des phénomènes, depuis l'Activité limitée jusqu'à la solidité de l'élément Terre.

Lorsque le suprême Shiva occulte sa propre essence par sa Puissance d'Illusion[28], (autrement dit) par sa (Puissance) de Seigneur suprême, il jouit de la condition de sujet "contracté", (limité). On le désigne alors par le terme « Personne » (*purusha*).

Lui seul est le sujet transmigrant[29], égaré par l'Illusion et lié par ("ses") actes (et leurs conséquences « bonnes » ou « mauvaises »)[30]. Bien qu'il soit inséparable du suprême Shiva, son égarement n'est pas celui du suprême Shiva. Cela est semblable au tour de magie du magicien dont l'égarement (apparent est en réalité) produit volontairement. Mais celui qui atteint la souveraineté par cette reconnaissance[31] (qu'il est lui-même le Seigneur doué des Puissances d'Agir et de Connaître en quoi consiste la) « Science », celui-là est libéré[32]: il n'est autre que le suprême Shiva, conscience homogène et indivise.

---

[28] "Sa Puissance d'Illusion" : synonyme de liberté absolue.

[29] "Le sujet transmigrant" : celui qui transmigre, qui semble transmigrer en suivant le corps auquel il s'identifie dans son enfance, sa jeunesse, etc. Et il "transmigre" aussi vers une autre vie à cause de l'intellect, etc. (qui forme le corps subtil).

[30] "Lié par les actes" : croyant que les actes actes lient son Soi.

[31] "Celui qui a atteint la souveraineté par cette reconnaissance" : celui qui a atteint la souveraineté, la reconnaissance grâce à la Science, grâce à la Puissance qui illumine son essence. Voilà pourquoi il est "conscience homogène" : il s'identifie seulement à la conscience vide, qui n'est pas mélangée à l'univers, à tout ce qui n'est pas conscience, comme par exemple le corps.

[32] Il est "libéré" : ce qui suggère qu'il convient de le définir en disant qu'il est libéré des liens de toute renaissance, alors même qu'il est dans un corps.

Son omnipotence, son omniscience, sa plénitude, son éternité et son omniprésence, bien qu'étant les Puissances non-contractées, deviennent, en assumant la contraction, (les cinq catégories suivantes) : activité limitée, science limitée, désir limité, temps et causalité.[33]

Parmi ces cinq catégories, ce qu'on nomme « activité limité »[34] est la cause de la restriction de la libre Activité chez la « Personne ». La « science limitée »[35] est la cause d'une capacité de connaissance partielle. Le « désir limité » est l'attachement aux objets des sens[36]. Le « temps » c'est ce processus qui se résume aux présences et aux absences des choses[37]. La « causalité » est cause des restrictions du genre "Je dois faire cela. Je ne dois pas

---

Mais quand le corps meurt, il est le suprême Shiva lui-même.

[33] "En assumant la contraction" : comme, par sympathie, on donne juste de quoi vivre à celui qu'un roi a dépossédé, de même un pouvoir d'agir limité est donné à la conscience privée de son omniscience parce qu'elle est devenue (librement) un fragment (d'elle-même).

[34] "L'activité limitée" est l'activité par laquelle, incapable de faire tout ce que l'on veut, on n'en fait qu'un peu, comme par exemple faire une poterie.

[35] A cause de "la science limitée" on ne connaît que certaines choses, celles que l'on a sous les yeux, comme un vase, par exemple, et on ne connaît pas les choses éloignées.

[36] "Le désir limité" : sous la forme "que ceci soit toujours mien, et jamais séparé", parce que l'on se croit incomplet.

[37] "Le temps" : le devenir qui délimite, sous la forme "je percevais, je perçois, je percevrais", "j'ai fait, je fais, je ferais". Il délimite ainsi tous les phénomènes selon la perception et l'activité.

faire ceci"[38]. On dit que ces cinq (catégories) sont sa "camisole" du fait qu'elles le destituent de sa véritable essence[39].

La cause générique des catégories allant de « l'Intellect » à l'(élément) « Terre » est la « Nature » (*prakriti*). Et celle-ci a pour forme indifférenciée l'état où les (trois qualités) « légèreté, agitation et inertie » sont indifférenciées.[40]

L' « Intellect » forme des jugements certains[41] sur les constructions mentales et il les « reflète » (comme un miroir).[42]

L' « Ego » en vérité est ce qui produit les appropriations du genre "Cela est à moi. Ceci n'est pas à moi".

---

[38] "La causalité (ou nécessité)" : consiste à ce dire "je dois faire cela ; je dois accomplir la Cérémonie du Cheval, qui mène au paradis ; je ne dois pas faire ce qui conduit aux enfers, comme de tuer des brahmanes, par exemple". Comme elle dépend de causes déterminée qui produisent des effets déterminés, ont dit qu'elle est la "nécessité".

[39] Une "camisole" : quand notre vraie nature de pleine conscience est recouverte, comme si cette "camisole" était quelque chose d'autre en plus que notre essence, alors qu'elle n'est rien d'autre et rien de plus.

[40] "Légèreté, agitation et inertie" : le plaisir, la souffrance et la confusion. En essence, ils sont Lumière consciente, activité et limitation, respectivement. Quand ils sont "à égalité", c'est-à-dire un état d'équilibre, on n'en fait pas l'expérience séparément l'un de l'autre.

[41] "Forme des jugements certains" : des certitudes du genre "ceci est ainsi".

[42] L'Intellect est capable de refléter les constructions mentales, puisqu'il peut saisir leur reflet, étant donné sa transparence, due à la prédominance de la "légèreté" (*sattva*) en lui.

Le « Sens Commun » (manas) est ce qui produit les images mentales.

Ces trois forment l' « Organe Interne ».[43]

Les cinq organes de connaissance - le nez, la langue, l'œil, la peau et l'oreille - produisent une saisie graduelle des objets des (cinq) sens : odeur, saveur, forme, contact et son.[44]

Les cinq organes d'action - parole, main, pied, anus et sexe - produisent respectivement une activité consistant en : élocution, don, déplacement, excrétion et volupté.

Les cinq éléments subtils sont : le son, le contact, la couleur, la saveur et l'odeur en leur forme générale.

L'Espace est ce qui donne lieu (aux quatre autres éléments).

Le Vent est ce qui anime.

Le Feu est ce qui brûle et cuit.

L'Eau est ce qui fait croître.

---

[43] "L'organe interne" est l'organe qui produit tous les effets que l'on va dire ensuite,) à commencer par les facultés sensorielles des êtres vivants. Ces effets sont des mélanges des modes de la Nature. On le nomme organe "interne", car il saisit des objets internes comme le plaisir.

[44] "Les objets des cinq sens", qui sont simples (*tanmâtra*) car ils ne sont que ce qu'ils sont et rien de plus, ils n'ont pas d'autre qualité que la leur.

La Terre est ce qui porte.

> *De même que le grand arbre*
> *Existe en puissance dans la graine du figuier sacré,*
> *De même ce monde mobile et immobile*
> *Existe dans le Germe du Cœur. 45*

Selon cette analogie traditionnelle, le monde existe à l'intérieur (du Seigneur suprême, de la conscience), dans le « Germe du Cœur » ayant pour nature la Suprême souveraine.

Comment ? De même que l'argile est la substance ultime des cruches, des plats, etc. qui sont des transformations de l'argile ; ou bien de même que, par l'examen de (divers) genres de substances telles que l'eau, etc., il ne demeure comme substance établie que ce qu'il y a de commun à l'eau, (à la glace), etc., (à savoir la fluidité), de même, en examinant avec diligence l'être réel des catégories allant de l'élément Terre à l'Illusion, il ne restera que l'être (pur). Considérant la consonne de la racine de

---

[45] Les branches, les feuilles et les fruits du figuier sacré existent dans sa graine, sous une forme adaptée. De même, cet univers d'une extraordinaire diversité, avec ses anatomies variées, existe dans le Germe du Cœur. Dans le jaune de l'œuf du paon se trouve chaque plume, avec leur disposition, avec tous leurs dessins extraordinaires et qui dépassent l'imagination. De même, ceux qui sont doués de concentration doivent se concentrer sur cette (existence des choses dans la conscience) grâce à une observation subtile.

ce mot (*s*at) en faisant abstraction des voyelles, seul reste "sa", qui est la Nature, à l'intérieure de laquelle se trouvent trente-et-une catégories.

Ensuite, du fait de la différenciation de la Puissance, les catégories de la Pure Science, du Seigneur et de l'Eternel Shiva qui ont pour essence Connaissance et Activité, demeurent à l'intérieur (de Shiva), en "au", qui consiste en la Puissance du Sans-égal.

Après cela, l'expiration "ha" est l'essence de l'Extase créatrice (à la fois) supérieure et inférieure. Parce qu'il est lieu d'existence et de repos (de toutes les catégories et plan d'expérience), l'essence de ce Germe du Cœur ainsi constitué n'est autre que le suprême Shiva, le grand Mantra qui constitue ce monde et le transcende (à la fois).[46]

Celui qui connaît véritablement et s'absorbe complètement en un tel Germe du Cœur est initié[47] selon le sens ultime (de l'initiation) ; demeurant en vie, se conduisant comme tout le monde, il est pourtant libéré dès cette vie. A la disparition du corps, il devient le Seigneur lui-même, le suprême Shiva.

---

[46] Car (ce Germe du Cœur) est à la fois la cause de toutes les formes et parce qu'il n'a aucune forme.

[47] Il est "initié", car cette pleine connaissance, et elle seule, est l'initiation réelle, sans qu'il soit besoin d'offrandes de graines (dans le feu).

Ainsi s'achève l'introduction au tantra de la Déesse Primordiale, Souveraine de la Triade,

œuvre du maître Nâga.

Commentaires

Introduction au tantra de la Déesse Primordiale, Souveraine de la Triade :

Tout est dans le titre, de même que tout est déjà présent au début de la création.

Le **tantra** réel est la création elle-même. La texture du réel est celle de ce texte sacré. Le réel n'est pas abstrait, il est l'expérience.

Ceci est une clé de lecture du tantra non-duel : tout ce qui est dit renvoie à l'expérience, jamais à des réalités purement abstraites. Tout pointe vers l'expérience, telle qu'elle est donnée à chaque instant.

D'ordinaire, nous sommes aveuglés par nos certitudes et nos habitudes, par nos doutes et nos peurs : le tantra est un texte pour révéler le Tantra, la réalité qui est la texture de l'expérience.

Et ce texte est sacré parce que l'expérience est sacrée. Quand je chemine dans cette perspective, je ne cherche pas une expérience exotique ; je ne me contente pas non plus de plaquer une interprétation non-duelle sur l'expérience ordinaire, avec son lot de misères, pour me contenter d'elle.

Non, je reconnais l'expérience dans sa richesse, et c'est cela, cette passion attentive à l'expérience banale, qui la révèle extraordinaire. Tout, ici, parle de notre expérience. Mais si nous faisons attention à notre expérience, alors notre expérience déversera sa richesse. De banale qu'elle était, elle paraîtra miraculeuse.

C'est le paradoxe du changement sans changement propre au tantra : en me recueillant sur ce qui m'est donné, je reçois ce que je n'espérais plus. Ainsi le tantra mène au Tantra, le texte reconduit à la texture du réel : un doigt qui pointe vers la lune. Ou plutôt, une invitation à regarder autrement, pour voir autre chose, pour apprécier cette réalité évidente, mais cachée par des préjugés. Invitation à un basculement, comme dans le cas d'une figure ambigüe.

Ce texte est donc une introduction, un prélude au grand drame de la vie. On pourrait dire que c'est un récapitulatif ou un manuel de vie pour ceux qui auraient vécu sans vivre vraiment, mais en ayant le sentiment diffus mais persistant de passer à côté.

Cette introduction au tantra est une introduction à la vie, car le tantra c'est la vie, car le réel est vivant. Ceci n'est pas une formule pour frapper le lecteur, mais une vérité littérale. La vie est le Tantra de la Déesse. La Déesse est ce que nous sommes, le mystère, l'existence, la vie. Le tantra est le déploiement (c'est l'un des sens du mot sanskrit *tantra*) de la vie, respiration après respiration, cycle après cycle.

Le tantra est profond. Il n'est pas une culture étrangère, ni une thérapie pour le temps d'un weekend. En son sens véritable, le tantra est l'expérience de vivre, et il est aussi la réalisation de la vie, la réalisation de sa pleine conscience, de ce qui se joue en cet instant même.

Tout renvoie à tout, jeu de miroir infini. Ce texte est une porte vers le tantra, vers la vie éveillée, une conscience réveillée. De même, toute expérience est accès à l'absolu. Pourquoi ? Tout simplement parce que toute expérience est une manifestation de l'absolu. Qu'est-ce que l'éveil ? Une vie attentive à sa source, à sa profondeur, à sa texture, telle une tapisserie nouée de mille milliards de fils uniques, de mille milliards d'instants.

Vraiment, si j'expliquais ce titre, cela n'en finirait pas, parce que le Tantra est la réalisation du mystère par lui-même, réalité infinie et inépuisable; En un autre sens, cette réalisation est toujours déjà entamée. Et ce que vous ressentez en cet instant, ce que vous pensez, tout, en fait partir.

Tout est dans le titre, car tout est au commencement.

La **Déesse** est la vie, la conscience, le souffle, l'énergie, l'intelligence... mille synonymes pour une évidence si lumineuse que les mots s'y dissolvent après en être émergés. Cette introduction est aussi une ouverture à cette unité-dans-la-diversité. Tout est cette Déesse, dans l'expérience, de manière précise et concrète.

Qu'est-ce que la Déesse ?

Elle est la vie. Une vie ignorée, prisonnière de sa surface faite de mots fatigués, de formules mécaniques. Une vie secrète qui attend d'être aimée, car être attentif, c'est donner de l'amour.

Cette connaissance est donc aussi un amour, un amour de la connaissance, une philosophie. La Déesse est le mystère que nous sommes à nous-mêmes. La question et la réponse. Chaque instant est une question et une réponse : une émotion, une énergie lancée vers un inconnu, et une réponse, qui appelle une nouvelle interrogation (le plus souvent sans paroles formulées), et ainsi de suite, à l'infini.

Ainsi va la navette du tantra, vibration d'attention qui tisse le textile des existences, dont le texte du tantra est l'écho authentique.

Cette Déesse est dévî, en sanskrit, dérivé de la racine div- "briller" : elle est la lumière qui illumine les choses et leur absence, qui se manifeste ainsi, car rien ne peut exister hors d'elle. "Exister", c'est elle. "Ne pas exister", c'est elle aussi.

Qu'est-ce qui le prouve ? Notre expérience ! Qu'est-ce ce qui se manifeste en dehors de la conscience ? Rien. Mais ne peut-on imaginer un "quelque chose" en dehors de la conscience ? Le monde, par exemple ? Sans doute. Mais ce "quelque chose" n'est que dans et par la conscience que j'en ai, comme image ou idée ; et une image n'est qu'une sorte de conscience, d'illumination.

La Déesse est la lumière qui se révèle en révélant toute chose, réelle ou imaginaire, et jusqu'au néant lui-même. Elle est ainsi **Souveraine** : elle ne dépend de rien, tout dépend d'elle.

Donc il n'y a rien en dehors de la conscience, de cette Lumière que le tantra va pointer encore et encore, car c'est la base de l'éveil spirituel.

Rien n'existe en dehors de la conscience. Cette clarté vivante est donc aussi la *source* de tout. Cette Lumière évidente éclaire les choses, les pensées, les émotions, les images mentales, le monde intérieur et l'extérieur ; mais en réalité, c'est *elle* qui *se* manifeste sous ces formes.

Chaque chose, chaque moment d'une expérience, est cette Déesse qui se manifeste elle-même à elle-même. Elle est toujours déjà présente "avant" toute chose, car nulle chose ne saurait se manifester qu'en étant identique à cette Lumière. La Déesse est donc **Primordiale**.

Percevoir : c'est l'être, ce mystère, qui se perçoit ; ressentir : c'est l'Inconnue qui se ressent ; désirer : le je-ne-sais-quoi se désire, ou désire un aspect de son être infini.

Et donc, comme cette Déesse se manifeste de mille manières, elle ne manifeste parfois en s'oubliant. Elle laisse la place à des univers infinis, pour ainsi dire. Elle se réalise aussi comme pure conscience, comme unité simple, sans aucune distance entre soi et soi. Ou bien, comme mélange d'unité et d'oubli de l'unité, comme dans la plupart des expériences heureuses, car la joie vient toujours d'un sentiment d'unité, même si on ne se le formule pas ainsi.

La Déesse embrasse en son être - explosion sans fin de pensée, extase de sensation de soi - tous ces modes innombrables, qui se ramènent à trois : la **Triade**, 1) unité, 2) dualité dans l'oubli de l'unité, 3) dualité dans l'unité.

Comme une danse à trois pas, une spirale vers une intégration de plus en plus profonde et pleine de l'unité et de la dualité. Cœur palpitant de cette marche immobile, elle est "primordiale" (parâ), elle transcende et inclus ces manières de se penser, de se réaliser en mille corps et esprits.

Ce titre est donc le "titre" de toutes les vies, de toutes les existences. Chaque individu est un nom unique de cette Lumière.

Le verset de bon augure :

> **Nous célébrons la conscience,**
> **Cœur du Seigneur suprême,**
> **qui à la fois est toute chose**

> et transcende toute chose,
> et qui se manifeste clairement
> à travers (ses) Puissances
> - à commencer par la (Déesse) Primordiale.

"Nous" suggère que nous sommes un. Un seul être, une seule conscience qui se pense, se désire, se crée à travers des personnalités singulières. Une seule conscience aux mille visages.

"Nous célébrons la conscience", car le tantra est célébration. Il n'est pas une connaissance (une "gnose") neutre, indifférente, mais l'adoration du mystère reconnu en chaque instant : une connaissance amoureuse.

Toute conscience est désir.

Désir de quoi ? de qui ? De soi, du Soi, au-delà de tout ce que l'on peut ressentir, penser ou imaginer. Même celui qui l'ignore célèbre l'Inconnue à sa manière. Même la pierre, inerte, chante la Déesse par sa solidité, par son poids, sa seule présence. La pesanteur est une attraction, donc un désir. La pierre tend vers le centre, à sa manière.

Certes, sa conscience confine à l'inconscience. Mais "conscience" ici, ne désigne pas seulement les représentations claires et distinctes, mais aussi le simple fait d'être. Tout est mouvement, élan vers l'espace de la conscience, désir du divin parfait. Mais chaque être est plus ou moins éveillé à ce destin d'infini, et son existence incarne plus ou moins cet élan de l'infini vers l'infini.

La conscience ne se réduit pas aux mots et aux images mentales. Mais elle n'est pas non plus un simple espace inerte, indifférent à ce qui "se passe" en lui. C'est la différence entre la conscience et l'espace. Entre la conscience et un miroir. Entre la conscience et un écran de cinéma. Eux ne ressentent rien. Alors que la conscience est une Lumière, c'est vrai, mais une Lumière qui ressent, qui est affectée, qui juge et réagit.

Quand ce pouvoir de sentir se vit dans l'oubli de l'unité, alors il devient pensée discursive, prisonnière des mots et des habitudes.

Mais à la source, ce pouvoir est "le Cœur du Seigneur suprême". Si tout est Lumière, alors le pouvoir de Penser est le cœur de cette illumination, car sans lui, la manifestation serait aussi insensible qu'un reflet sur un miroir. Ce miroir qui accueille, certes, des reflets, mais sans jamais rien éprouver. Alors que nous, nous éprouvons, nous ressentons, nous souffrons.

Si nous ressentons, pensons, imaginons, dans l'oubli de l'unité, alors ce pouvoir est source de douleur, de mal être. Mais si nous pensons dans l'unité, nourris par ce fond vivant, alors la pensée devient célébration de l'unité, et joie, tout comme la profusion des reflets célèbre la limpidité du miroir.

La pensée devient alors réalisation de soi au-delà de toute limite. Penser, au-delà des mots, c'est savourer l'étonnement d'être. Réduire la pensée aux mots, ce serait comme réduire la musique à des sons. Qui irait croire qu'une mélodie n'est qu'une suite de bruits ? Elle est bien autre chose.

Mais, de même que la musique est inaudible sans silence, la vie est absurde sans la conscience de ce fond palpitant. Oublieuse d'elle-même, la conscience devient alors "le malheur de l'homme". Elle n'a plus rien de divin en apparence. Elle semble un terrible piège, une farce ignoble et absurde.

Et pourtant, c'est la conscience elle-même qui crée tout ceci. C'est elle qui *se* crée ainsi. Parce qu'elle est désir de *se* manifester ainsi, sous ces formes, dans ces conditions.

Donc tout est Lumière, *prakâsha*, et la Lumière est Pensée, Prise de conscience, Reprise de soi, Ressenti, Réalisation : *vimarsha* en sanskrit. Ce terme désigne, en effet, la pensée, le jugement, le ressenti, la capacité d'évaluer, d'estimer. Pris à sa source, il est pur émerveillement. Puis, comme une eau qui s'immobilise et refroidit, il devient le langage, avec ses stéréotypes. Mais ce Cœur bat toujours sous la banquise, sans quoi cette glace elle-même ne pourrait exister.

La vie éveillée, le tantra donc, est une vie à l'écoute de cette eau vive.

Elle est "à la fois toute chose, et au-delà de toute chose".

"A la fois"... Le tantra nous invite à entrer dans une vision qui transcende *et* inclue. "A la fois...".

Par habitude, nous avons tendance à exclure, à voire des dilemmes : "ou bien... ou bien..". Ce qui, certes, est parfois nécessaire. Mais il est possible de dépasser une opposition en intégrant les contraires dans une vision plus vaste, plus heureuse. C'est d'ailleurs ce que nous faisons souvent, spontanément.

Le tantra prolonge ce mouvement en spirale. Dépasser le bavardage intérieur, mais sans l'exclure. Grandir au-delà des limites du corps, mais sans le rejeter. Tout est conscience ; mais aussi, la conscience est au-delà de tout. Vivre des expériences, mais sans jamais oublier que la Lumière consciente, le Soi, est à jamais au-delà de toute expérience.

C'est ainsi que, illuminés par cette intuition, nous vivrons dans le silence intérieur, l'absence de toute conclusion définitive, sans dogmatisme ni scepticisme. Il y a alors *à la fois* une certitude absolue, que tout est un dans la conscience, *et* une innocence, une ouverture dans l'instant, transparente, nue, sans savoir.

Cette docte ignorance est la foi, obscure et lumineuse à la fois.

En ce monde-ci, en vérité, le Seigneur suprême est Lumière consciente

Dieu est Lumière.

Vieille métaphore, image rassurante et universelle de la clarté du jour après la nuit de l'inconnu.

Mais Dieu n'est pas une lumière qui éclaire les choses de l'extérieur, comme une lampe ou comme le soleil. Il est la lumière dont sont *faites* les choses. Ou plutôt, il est la Lumière consciente, la lumière de la conscience, qui s'illumine elle-même en illuminant tout.

Comme une lumière, elle passe inaperçue : la lumière devient visible quand elle se reflète sur un corps ; mais, en elle-même, elle demeure invisible.

Comment voir ce qui rend possible toute vision ?

Pour la voir, il faut retourner le regard vers soi, vers la source intérieure. Ou regarder le regard. Mais la vision ne peut se voir elle-même à la manière d'un objet. Elle se voit d'une manière unique, qui ne ressemble à aucune autre. Elle ne sort pas d'elle-même d'abord, pour se retourner et se regarder ensuite. Cette vision n'implique pas un dédoublement. Elle est directe, intuitive.

Elle est la conscience. Seule la conscience peut connaître la conscience. Rien ne peut l'éclairer de l'extérieur, à la manière dont le soleil éclaire la terre, par exemple.

Pour bien entendre cette métaphore de la lumière, il faut donc comprendre que 1) la conscience se manifeste elle-même en manifestant les choses ; et que 2) elle ne peut être manifestée comme une de ces choses, mais elle doit et peut se connaître elle-même par elle-même.

Comment sais-je que je suis conscience ?

Parce que je le suis ! Je n'ai besoin de nulle preuve, rationnelle ou expérimentale, pour le savoir. C'est là un savoir d'un genre unique, car il précède toute "preuve", et il n'en a nul besoin.

La conscience - le fait d'être conscient - est la lumière évidente, à elle-même sa propre "preuve". La conscience est la source et la substance de toute connaissance, de toute expérience. Elle ne peut donc être le "contenu" d'une expérience.

Mais elle peut se connaître elle-même, directement, ici et maintenant, en un instant hors du temps, qui ne dure pas. Elle est cette "lumière" qui éclaire tout, qui manifeste l'absence et la présence des choses : le changement, le devenir, chaque instant de la vie, des rêves, du sommeil même.

Elle n'a besoin de rien pour être connu. Mais tout a besoin d'elle pour être connu. Voilà pourquoi rien ne peut la faire connaître - rien d'autre qu'elle-même du moins, comme une lampe qui s'éclaire elle-même en éclairant le reste : nul besoin d'une autre lampe pour l'éclairer. Elle seule peut se connaître. En réalité, elle *est* cette connaissance.

Essayer de la connaître comme si on ne la connaissait pas déjà est donc vain et inutile. Vain parce qu'il est impossible de la mettre à distance pour l'éclairer, pour la connaitre. Et inutile parce que toute expérience présuppose qu'elle soit "connue". Voir suppose une lumière. Connaître présuppose la conscience. Elle est donc toujours déjà connue. A quoi bon chercher à connaître ce qui est toujours déjà connu ? C'est comme si l'on voulait que le miroir se reflète en lui-même !

A l'inverse, chercher à la réfuter ou à l'oublier est vain aussi, car qui cherche à réfuter cette conscience, si ce n'est cette conscience elle-même, victime d'elle-même ?

Et même si tout est illusion, il reste que la conscience est la Lumière qui éclaire et manifeste cette illusion. Même s'il n'y a "rien", la conscience est la connaissance de ce "rien". Même si aucune vérité, même si aucune connaissance ne sont possibles, la conscience est ce qui manifeste tout cela.

Quelque soit le film, il faut un écran. Quelque soit l'expérience, il faut la conscience. Rien n'est concevable en dehors d'elle, sans sa lumière.

Or, ce que l'on nomme "Dieu", c'est bien la substance de tout, cela dont tout dépend, et qui ne dépend de rien. Cela, c'est la conscience, car tout dépend d'elle, et elle ne dépend de rien. Elle est donc Dieu. Elle est la "lumière qui éclaire tout homme en ce monde".

Or la Lumière consciente est Prise de conscience

Voici le point essentiel du shivaïsme du Cachemire : l'absolu n'est pas seulement cette Lumière qui se manifeste en manifestant les êtres et les choses. Elle est aussi "prise de conscience".

Il vaut la peine de s'arrêter sur le mot sanskrit qui est traduit ainsi, car il est la clé de cet enseignement : *vimarsha*. Tout les traducteurs savent qu'il est presqu'impossible de traduire ce terme par un seul équivalent.

Mais d'abord, il faut bien en réaliser le sens ordinaire : "pensée", "jugement". Mais il exprime aussi le fait de toucher, de ressentir même, au sens où l'on réalise qu'on a froid ou chaud, par exemple. C'est donc un acte intérieur au sujet. Il s'agit moins de sentir quelque chose que de sentir que l'on sent, ou de *se* sentir.

Et c'est important, car cela suggère que la Lumière n'est pas seulement un pouvoir de créer ou de "donner lieu à", à la manière d'un miroir.

La Lumière de l'être ne se contente pas d'accueillir les choses, à la manière de l'espace, d'un miroir ou de n'importe quelle surface réfléchissante. Car celles-ci accueillent, c'est vrai : elles ont la capacité de donner lieu aux choses. De même, le vaste champ de conscience que je suis, cette Lumière dont il est question ici, est capacité d'accueil.

Mais elle est quelque chose de plus que l'espace ou que le miroir : elle *ressent* ce qu'elle embrasse en elle. L'espace peut accueillir un feu brûlant. Mais il ne ressent aucune chaleur. L'espace est immense, comme la conscience. Mais contrairement à elle, il est inerte. Il est insensible. Il ne pense pas. Il est incapable d'évaluer, de soupeser, de former un jugement, une réflexion, d'embrasser des contraires, alors que la pensée consciente et l'imagination (différents aspects de ce même pouvoir de Prise de conscience) peuvent concevoir ou imaginer un froid brûlant, aussi bien qu'une brûlure glaçante.

De plus, la conscience est mouvement spontané. D'ordinaire, quand une chose bouge, c'est qu'une autre chose la fait bouger. Mais quand la conscience bouge, quand *je* bouge, je bouge par moi-même. La conscience est donc liberté, souveraineté de soi, autonomie.

Nulle autre chose n'a ce pouvoir de bouger ou de changer par soi. La Prise de conscience est donc liberté. Et cette liberté est le cœur de la Lumière, qui est le cœur de toutes choses.

L'action, le mouvement et la vie ne sont donc pas des accidents apparus on ne sait comment au sein de l'absolu, mais ils sont sa *réalisation*. Ils sont la manière dont l'absolu, l'ineffable qui n'a pas de nom ni de forme fixe, se réalise soi-même.

C'est ainsi tout un univers, une façon de vivre et d'infinies possibilités, qui se dévoilent. Et c'est en ce sens que cette approche est "non-dualiste" : elle ne sépare pas la Lumière de la Prise de conscience, c'est-à-dire la contemplation de l'action, ou la connaissance de l'amour. L'action est la manifestation corporelle de la Lumière consciente. L'amour est l'incarnation de la connaissance. C'est une seule vague qui se répand. Voilà la non-dualité.

Il ne s'agit pas de nier l'action, le désir, le monde, le corps, le mouvement, la pensée ou l'imaginaire : ce sont différents aspects de l'absolu.

Mais il y a plus important encore : l'action n'est pas une projection illusoire et accidentelle, ou superficielle, de la Lumière. Elle est le cœur de la Lumière. Elle est sa vie, son âme, son existence en dehors de laquelle la Lumière n'est rien. C'est le point crucial du shivaïsme du Cachemire.

L'action n'est pas *moins* que la conscience immobile. L'action est le cœur frémissant de l'absolu.

Mais il est vrai qu'il y a plusieurs degrés d'action. Le silence intérieur est l'action subtile. L'action extérieure est le silence incarné, qui prend chair avant de revenir à son moment subtil, en un mouvement de balancier qui est la palpitation intime de ce cœur qu'est le mystère sans nom.

Cette "Prise de conscience" est la manifestation éclatante et véritable - « je » - à travers (trois aspects) : la création de toute chose, la mise en lumière de toute chose et la résorption de toute chose.

Toute chose est illumination de la Lumière, au sens ou rien n'est perçu, ni conçu, ni imaginé, en dehors de l'acte de conscience qui le manifeste. Comme dit le shivaïsme du Cachemire, "même les enfants savent cela". Donc c'est cette Lumière elle-même qui se manifeste comme apparences. Tout ce qui est, est l'Être.

Mais pourquoi se manifester ainsi ?

Parce que cette Lumière est vivante, parce qu'elle est douée du pouvoir unique de *se réaliser* ainsi. Elle se réalise, elle se ressent, s'explore, exactement comme je me découvre moi-même par l'introspection, la méditation, ou bien même en agissant. *Je* me réalise en créant des choses, en enfantant, en engendrant, en imaginant, en pensant, en voyageant, en ressentant. C'est ce que fait l'absolu que je suis.

Et cette activité *est* ce qu'il est, ce que je suis. C'est la Déesse Primordiale, et aussi la Déesse inférieure, et la Déesse intermédiaire : autrement dit, c'est l'intuition de l'unité pure, celle de la dualité, et celle de la dualité sur fond d'unité, qui est la vie libérée et le salut.

Tout ce qui arrive, tout ce que nous désirons, tout ce que nous vivons et faisons est la réalisation de ce qui n'a pas de nom, du divin ineffable, ce je-ne-sais-qui à la recherche du vertige. Abhinava Goupta, l'un des sages les plus célèbres du shivaïsme du Cachemire, évoque encore et encore la délectation de l'émerveillement, le vertige du jeu.

Alors, pourquoi tout ceci ? Pour se ressentir, en s'oubliant, pour s'éprouver dans un vertige infini. L'absolu est inépuisable. Dès lors il se perd, se retrouve, s'emprisonne lui-même puis se libère, à l'image d'un écrivain qui se prend au jeu de ses propres histoires.

Selon le shivaïsme du Cachemire, chacun sait, au fond de lui ou d'elle, qu'il est libre et qu'il joue. Non pas au sens où ce serait "amusant", mais au sens où chacun *se sait* jouant, tragique et comique, dans tous les registres.

Le désir sous-jacent à toute existence individuelle est un élan impossible pour incarner dans des limites ce qui n'est pas limité. Nous sommes limités, mais nous avons en nous une puissante nostalgie de l'illimité. Et plus encore, nous sommes habités par l'espoir déraisonnable de réaliser ce mariage fou. Tel est le moteur de toute existence, depuis les pierres jusqu'aux anges (ou leurs équivalents dans le shivaïsme du Cachemire).

Toute création est destruction et la destruction est créatrice. Mais la raison d'être de ce drame n'est pas là. La finalité du devenir est cette incarnation de l'intangible, le vertige de la grâce, du gratuit, de l'émerveillement, de ce fond vibrant présent en chaque âme qui dit, en silence et en chaque acte posé : "je ne suis rien, je suis tout, je suis liberté".

Voilà le sens véritable du mot "je", ce ressenti qui anime tout égoïsme comme tout altruisme.

Si le (Seigneur) était dépourvu de Prise de conscience il s'ensuivrait qu'il serait privé de souveraineté et inerte (comme la matière).

Mais une question se pose : Ce pouvoir de Prise de conscience est liberté, proclame le shivaïsme du Cachemire. D'un autre côté, la pensée, l'imagination, le désir, ne sont-ils pas aussi notre perte ? Faire de la pensée le cœur de l'être, n'est-ce pas introduire en lui une folie ? N'est-ce pas l'excès même à l'opposé de la sagesse ?

Apparemment, il serait plus raisonnable de s'en tenir à la distinction entre la Lumière d'un côté, immuable et pure ; et les autres pouvoirs de l'autre, considérés comme de simples accidents superficiels, à l'image des nuages qui, dans le ciel, passent sans rien exprimer de l'espace lui-même.

Mais accepter cela, et chercher à cultiver seulement une attitude de détachement, comme si l'on était exclusivement le témoin de sa vie, à jamais en retrait, aurait des conséquences désastreuses.

En effet, sans le pouvoir de se ressentir elle-même en prenant conscience d'elle-même, la Lumière ne serait que ténèbres, à l'image des choses faites de matière et privées de conscience.

Quand nous cherchons la paix intérieure, il est vrai que nous aspirons souvent à nous débarrasser du bavardage des pensées, de la prolifération des images qui s'enchaînent sans fin.

Mais il faut ici faire preuve de discernement : ce qui nous prive de la plénitude, ce n'est pas la pensée, ni l'imagination, ni la mémoire, ni le désir. Ce qui nous fait souffrir, en profondeur, c'est seulement l'*oubli* de la source des pensées, des images, des souvenirs et des désirs.

Si, en revanche, nous reconnaissons dans notre expérience cette source qui jaillit à chaque instant au fond de nous, alors tout sera savoureux, habité - un seul acte en continuité avec l'Acte originel. Il suffit d'être attentif à la pensée pure en amont de la pensée, à l'image sans forme, au souvenir atemporel, au désir indifférencié de son but...

C'est la voie de la reconnaissance, c'est la voie du shivaïsme du Cachemire : revenir en amont. Non pour stopper définitivement le fleuve de la vie, mais pour le sentir s'écouler depuis sa source.

Dans cette voie, tous ce qui est d'ordinaire considéré comme un obstacle à l'épanouissement spirituel, devient un moyen. Nous entrons en relation avec la source, avec l'origine, et tout est changé, sans que les choses changent objectivement.

C'est un point difficile à admettre pour les gens qui ne vivent pas ce basculement. Ils cherchent l'épanouissement dans le changement des choses. Même quand ils se piquent d'être spirituels, ils veulent changer leur "niveau vibratoire", ils aspirent à vivre des expériences extraordinaires, à jouer un rôle cosmique, à accomplir une mission, et ils se sentent déprimés s'ils apprennent que d'autres ont eu des expériences encore plus extraordinaires.

Mais c'est un piège et une perte de temps. Au lieu de chercher à interpréter les "signes", la véritable vie intérieure consiste simplement à baigner dans la Lumière et à participer de tout son être à la vie divine, en s'ouvrant à son influence. De toute façon, même si la Lumière nous fait vivre des expériences ou des grâces extraordinaires, le plus sage est de rester humble, transparent et tourné vers la lumière au lieu notre personne. Si nous nous laissons tenter, nous nous retrouverons tôt ou tard dans une impasse.

Autrement dit, il est vraiment Impossible de séparer Lumière et Conscience ou Prise de conscience. Autant vouloir priver un corps de son cœur, et désirer le voir continuer à vivre ! En fait, aspirer à une conscience pure sans désir, ni volonté, ni action, c'est vouloir une conscience sans conscience. C'est vraiment être matérialiste.

Un absolu sans volonté serait privé de la liberté de créer. Il ne serait qu'un néant, une abstraction. Concrètement, la liberté ne consiste pas à ne rien faire, à ne rien désirer, mais à se tenir au centre où tout est un, parce tout jaillit dans cet acte. Pensées, désir, images, souvenirs, actions, choses, corps, mondes, ne sont que les moments de cet acte, et les manières dont la Lumière se réalise elle-même.

Et c'est cette même Prise de conscience qui est proclamée dans les tantras sous les termes de conscience, conscience dynamique, parole suprême apparue spontanément, liberté, excellente souveraineté du Soi ultime, libre activité, claire manifestation, essence, cœur, vibration, etc.

L'essence de tout est Lumière consciente. Le cœur de cette Lumière est Prise de conscience, ou Réalisation, ou encore Ressenti de soi. Après l'avoir pointé dans l'expérience et à l'aide de la raison, l'auteur convoque un dernier moyen de connaître notre essence : la Révélation.

Ce moyen vient en dernier. En effet, l'expérience est la source de toute connaissance. Le raisonnement la complète. Et le témoignage valide, digne de confiance, dont la Révélation est un aspect, vient à son tour compléter la raison.

Mais qu'est-ce que cette Révélation ?

La tradition du shivaïsme du Cachemire en parle comme d'une autre forme de la conscience de soi. Cette Révélation n'est pas confinée à un texte religieux, tout comme l'acte conscient échappe à toute limite. Elle est l'intuition, que chaque être vivant porte au fond de soi, de ne faire qu'un avec la source créatrice.

Cette Révélation innée se reconnait, entre mille exemples, dans l'instinct animal. Mais aussi dans la confiance que nous avons dans la nature. De fait, nous ne doutons pas qu'après avoir expiré l'air de nos poumons, nous inspirerons une nouvelle bouffée d'air. Nous ne doutons pas non plus, sauf exception, que nous nous réveillerons après avoir sombré dans le néant du sommeil profond. Nous avons une foi naturelle dans les lois de la nature.

Par ignorance et aveuglement ? Peut-être, en partie. Mais aussi parce que nous sommes animés par un savoir, fut-il confus, de boire à la même source que le monde. Le sujet et l'objet ont la même origine, sont d'un même mouvement. D'ou la confiance en la succession des saisons et autres rythmes naturels. Cette confiance, nul raisonnement ni aucune expériences ne peuvent nous la donner. Car l'expérience est limitée, et la raison est basée sur l'expérience.

Dès lors, cette étrange confiance, déraisonnable au regard des démentis de l'expérience, ne peut s'expliquer que si l'on admet qu'elle est innée. Elle vient de la puissance infinie qui nous crée et qui crée toutes choses dans un même élan. Voilà la garantie naturelle de notre sens de la vérité, et de celui des autres êtres vivants.

Ceux qui ont réfléchis à la question convergent : nous sommes doués d'un sens inné du vrai, d'un instinct animal de la justesse et de l'harmonie, qui n'est pas le propre de l'homme mais qui se retrouve en tout être vivant et qui est comme la marque, ou l'une des marques, du créateur dans sa créature comme dans sa création.

Et quel est le contenu de cette rémini-science ? Il est la sagesse des peuples, l'héritage des générations car, même inné et présent potentiellement tout entier en chaque être, il est aussi transmis de génération en génération.

Et c'est la tradition. Et c'est la culture, qui permet aux nouvelles générations de ne pas gaspiller leur vie, ou du moins pas toute leur vie, à ne pas répéter toutes les erreurs des générations passées. C'est la mémoire collective. Voilà l'essence de la Révélation, de la tradition, de la culture : une mémoire qui, en son fond, est une réminiscence du savoir absolu qui est la conscience de soi, qui est le divin.

La culture est d'essence divine, comme toute mémoire - ce miracle de la conservation du passé dans le présent, ce pouvoir extraordinaire de recréer pour créer du neuf et de l'émerveillement. La Révélation n'est pas une invention de l'homme ni une révélation arbitraire du divin, mais un aspect de la Réalisation de soi, c'est-à-dire de la vie divine, de la vie universelle qui, toute transcendante qu'elle soit, n'en anime pas moins chaque instant de la vie de chaque être animé.

Ce savoir potentiel, inné, caché tel un trésor au fond de chacun, est extrait par les sages, les visionnaires, les yoginis de l'Inde ou les génies de la culture grecque, ces fondateurs de civilisation. Il est cette omniscience, dont quelques pépites tombent, çà et là, entre les mains d'hommes, qui s'en nourriront pendant des millénaires.

Ces pépites sont les tantras, les textes, extraits du Tantra, de l'océan sans limites de la connaissance de l'absolu, de la connaissance qui est l'absolu. C'est pourquoi l'auteur en tire des noms, comme Dieu créant les âmes. Ce je-ne-sais-quoi dont il est question ici est l'essence, la moelle du grand corps cosmique et de tous les corps.

Elle est "conscience", car la conscience se connait elle-même par elle-même, alors que toute autre chose a besoin de la conscience pour être, ou même, pour ne pas être.

Elle est "conscience dynamique", c'est-à-dire liberté, autonomie qui se manifeste et que l'on nomme alors volonté ou arbitre : elle a ce pouvoir d'initiative absolu qui devient évident lorsque nous faisons un choix, lorsque nous poursuivons malgré l'inconfort ou quand nous refusons contre nos intérêts, et en vue d'un bien plus vaste.

Elle est "parole" car en se réalisant, elle se "dit". En effet, la conscience est parole, car "prendre conscience de", c'est faire être, c'est créer. Et donc en s'énonçant ainsi, elle engendre les mondes. Les états de conscience créent les mondes qui leurs correspondent.

Elle est "suprême" car elle ne dépend pas des mots ni de la grammaire d'une langue particulière. Au contraire, elle la langue-mère à l'origine de toutes les langues maternelles. Elle est le sans-nom qui donne à entendre tous les noms. Inarticulée, elle est la vibration originelle que chacun dit à chaque instant, sans le reconnaître. Nul ne peut la nommer, mais nul ne peut la faire taire non plus.

Comme elle s'énonce elle-même par elle-même, elle est "apparue spontanément", à chaque instant en acte, elle est ce silence vivant qui est le premier ébranlement de tout murmure.

Elle est "liberté" car en son être, en sa volonté, en ses actes, elle ne dépend de nul autre, mais ce sont les autres qui dépendent de son être, de sa volonté, de ses actes. Rappelons-nous, ici, que rien n'est en dehors de la conscience. Et que, par conséquent, toute volonté, toute conscience, tout acte et toute existence ne sont rien d'autre que cette Prise de conscience en déploiement.

Elle est "libre souveraineté du Soi suprême" parce qu'elle n'est pas un vide insensible, mais une âme capable d'agir. Le mouvement n'est pas un accident ni une perte pour elle, mais son essence. Elle est le seul mouvement indépendant, "automoteur". Tout le reste est mu par elle.

Elle est "claire manifestation", car elle est cette Lumière hors de laquelle rien, absolument rien ne peut être perçu, ni conçu, ni imaginé.

Elle est le "cœur" car, à l'image de cet organe, elle est la clé de voûte de l'univers, et parce qu'elle est animé d'un mouvement cyclique de révélation et d'occultation de soi.

Enfin, elle est "vibration" parce qu'elle bouge sans bouger, parce qu'elle peut s'altérer sans devenir réellement autre, pouvoir paradoxal qui définit précisément son identité, son Soi.

On le voit, ces noms, tout en étant distincts, éclairent une même réalité, comme les facettes d'un diamant, chacune unique, contribuent toutes ensemble à son éclat. De plus, chaque "nom" contribue à préciser le sens des autres noms. C'est l'un des moyens traditionnels pour dépasser les limites du langage conventionnel. Les mots ont le pouvoir de s'entraider. Leur pouvoir d'évocation croit alors de façon exponentielle.

L'auteur achève sa liste par un "etc." En sanskrit, il s'agit littéralement du mot "commencement". Autrement dit, ces noms sont situés dans une série qui a un commencement, mais qui n'a pas de fin, car l'essence n'a aucun nom adéquat, mais elle a aussi tous les noms. Ces noms servent à révéler chacun un pouvoir de l'essence, une facette du joyau.

Or, c'est par ses pouvoirs que l'on connait une chose. C'est pas ses propriétés, ses effets, que l'on apprend à connaître le feu, par exemple. Chaque nom ou pouvoir est aussi une expérience. Chaque nom est aussi une personne. Ou plutôt, chaque personne est un nom de l'essence sans nom. Car chaque individu, chaque vie révèle, à sa manière singulière, un aspect de l'essence universelle.

Par conséquent, le Seigneur suprême autolumineux, qui est, en substance, le "je" véritable, se manifeste clairement grâce à sa Puissance de souveraineté

absolue. C'est lui qui se manifeste comme monde, depuis Shiva jusqu'à (l'élément) Terre.

Si la conscience est à elle-même sa propre lumière, si elle est libre, si elle est l'être même de tout, alors elle est "le Seigneur", c'est-à-dire ce que l'entendement humain appelle Dieu. Autrement dit, le cœur de chaque être et l'élément dans lequel il vit, comme les poissons dans l'eau, est la substance même des choses, jusqu'à celles qui lui semblent les plus étrangères.

Mais pourquoi ? Pourquoi ce jeu d'oubli de soi ?

Si la conscience est libre et si elle est tout ce qui est, alors il n'y a pas d'autre raison à tout cela qu'elle-même. Si rien n'existe en dehors de Dieu, la seule manière pour lui de "créer" est de se percevoir lui-même, de se désirer, de se souvenir de lui-même, de s'imaginer, et tout ceci sur fond d'oubli de soi. C'est ainsi que l'expérience de chaque être se déploie.

Dieu s'oublie puis, réduit à un atome de conscience, à une âme, il s'identifie à un corps, des sensations, des pensées et des états d'inconscience (durant le sommeil, après la mort...). Quand je vois quelque chose, c'est en réalité Dieu qui se perçoit comme étant cette chose, après s'être identifié par jeu à mon corps et à ma personnalité. Et quand je dis "je", ce pronom désigne, en réalité, Dieu. Seul Dieu perçoit, désire, agit, pense, car seule la conscience est douée de ces pouvoirs. Comment les yeux, privés de conscience propre, pourraient-ils voir ?

Et tout ceci n'est qu'un libre déploiement sans autre raison que cette liberté même, car aucune autre hypothèse ne résiste à l'examen, alors que tout s'explique par cette absolue liberté, cette indépendance parfaitement souveraine.

Mais, demandera-t-on peut-être, d'où sort cette idée de liberté ? N'est-ce pas une explication un peu facile ?

La réponse est à trouver, comme toujours dans le shivaïsme du Cachemire, dans l'expérience. En effet, nous faisons l'expérience de la liberté, c'est-à-dire que nous ressentons que tout est en nous et que nous sommes les créateurs de tout.

Mais comment cela ? Une telle expérience n'est-elle pas donnée à de rares mystiques ?

Non. Elle est donné à tous, mais appréciée de peu. De fait, cette expérience se présente à l'état brut au tout début de n'importe quelle perception, désir, souvenir ou de n'importe quel acte.

Au premier instant d'un désir, nous ne faisons encore qu'un avec l'objet du désir, objet qui n'est pas encore différencié du tout. En d'autres termes, ce premier instant est un désir de Dieu pour lui-même. Et ce désir indifférencié, créateur de tout, origine et source de tout, est la Prise de conscience, la réalisation de soi est qui est le cœur du divin. Et ce désir entier est aussi, comme tout acte et toute existence, une conscience, une conscience de soi, le vrai sens du mot "je".

Et cette pure énergie est présente à l'état nu au premier instant de tout acte, mais en vérité elle ne disparait jamais, même dans les instants qui suivent. Seulement elle est alors comme recouverte par le contenu de l'acte, de la pensée, par l'objet du désir, du souvenir, de la sensation...

Mais si je m'habitue à retourner mon attention vers ce désir pur, vers cette énergie pure, vers ce Soi qui, comme en amont de moi, est "plus moi que moi", alors que fais l'expérience directe de cette liberté qui est la substance vraie de toute expérience.

Et ainsi toute expérience est, concrètement, une manière pour l'être absolu de se réaliser, de faire l'épreuve de lui-même. Nous sommes tous cet être sans nom qui joue à se donner tous les noms par jeu, sans chercher à combler un manque, puisqu'il est déjà tout, mais gratuitement, pour le plaisir du jeu, pour le vertige de la liberté sauvage.

Cette joie de se perdre pour se retrouver, de se séparer de soi pour se réintégrer en soi, est la grâce (*anugraha*), l'amour divin (*bhakti*), motif ultime de toute expérience. Les méandres apparemment interminables de l'existence doivent déboucher sur la reconnaissance de ce Soi et sur une relation d'amour, aube d'une existence renouvelée.

Lui seul est la capacité d'agir et la sensibilité (des choses et des êtres) de ce monde.

Si rien n'existe en dehors de la conscience, alors tout ce qui est doué de conscience propre, comme les être vivants, est doué de tous les pouvoirs de la conscience. Or, la conscience n'est pas une lumière passive. Elle ne se contente pas d'éclairer les choses de l'extérieur, à la manière d'une lumière physique. La conscience perçoit les choses en se percevant elle-même, par un processus de différenciation progressive, mais très rapide. De plus, elle réagit au produit de cette différenciation, comme face à ses propres reflets, en une boucle continue de rétroaction.

Ca n'est donc pas l'individu qui pense, qui se souvient, qui agit, mais Dieu lui-même, ou plutôt le mystère auquel nous donnons ce nom. Quand "je" pense, c'est l'absolu qui s'identifie à un corps, qui pense, qui se réalise partiellement de cette manière. Dieu se crée comme individu, puis crée ensuite un univers personnel à travers cette identification. La source, cependant, reste Dieu.

Une conscience individuelle, même si elle semble limitée, est en réalité cette conscience. Elle n'en est pas un fragment, mais plutôt une contraction. Cette précision est importante, car elle suggère que chaque individu porte en lui la totalité des pouvoirs de la conscience, mais sur un mode contracté. Tout est là, mais pour ainsi dire compressé en chaque instant.

Si, cependant, je m'habitue à faire attention à l'expérience brute, je me familiarise avec son origine jaillissante et inconditionnée. Et je réalise que "ma" conscience contractée est la conscience universelle. Et ainsi, la contraction se relâche peu à peu, et je participe de plus en plus à la vie universelle, jusqu'à ce que mon moi "contracté" soit entièrement réintégré en son mode universel, même si cela n'est pas entièrement possible en cette vie, selon le shivaïsme du Cachemire.

Toutefois, la tradition assure qu'une transformation inimaginable est possible, par la seule force de l'attention à notre vie profonde, prise en son premier jaillissement.

De même, cet univers en tant qu'il est un effet, est une manifestation subordonnée à sa (conscience). Ainsi constitué, ce monde est inséparable du créateur, le grand Seigneur en forme de Lumière consciente. Si le connaissable était séparé, il ne serait absolument rien, car il serait séparé de la Lumière consciente en ce sens qu'il ne serait pas actuellement manifeste.

Mais sur quoi tout ceci est-il fondé ?

Sur l'expérience. Il faut le rappeler encore et encore. En effet, rien n'est possible en dehors de la conscience. Si l'on "imagine" que le monde existe en dehors de la conscience, cette image n'est qu'un acte de conscience. Si on le "suppose", cette supposition est encore un acte de conscience. Si l'on tente l'hypothèse qu'il existe "quelque chose", sans que l'on puisse préciser quoi, en dehors de la conscience, cette tentative est un acte de conscience. Si l'on "devine" une sorte de néant en plus de la conscience, alors cette divination est encore un acte de conscience. Ainsi, la conscience est cette activité, cette vie qui englobe à la fois le réel et l'imaginaire, le percept et le concept, l'être et le néant.

Pourquoi est-ce important ?

Cela est crucial parce que cette réalisation procure une certitude sans pareille. N'est-elle qu'intellectuelle ? Si l'on entend par là qu'elle est seulement théorique et qu'elle doive ensuite être mise en pratique, alors non, il n'en est rien ; car la conscience est toujours déjà expérience. Elle est l'expérience elle-même, puisque sans elle aucune expérience, même "intellectuelle" ne serait possible. En fait, conscience est synonyme d'expérience. Donc il ne s'agit pas de la comprendre en théorie pour ensuite la mettre en pratique, comme on lit un menu pour ensuite y goûter. Dans le cas, singulier, de la conscience, la compréhension *est* la pratique. C'est comme quand on cherche nos lunettes : réaliser que nous les portons sur le nez revient à les trouver, à la fois en théorie et en pratique. Dès lors que je comprends que les lunettes que je cherche sont déjà là, il n'y a rien d'autre à faire pour retrouver les lunettes. De même, réaliser qu'il n'y a rien en dehors de la conscience, le comprendre sans l'ombre d'un doute, c'est trouver la conscience. Il n'y a rien d'autre à faire.

En même temps, la conscience n'est pas une paire de lunettes. Elle est libre, douée de pouvoirs infinis. Il restera donc encore et toujours à goûter cette liberté infinie. Nous qui vivons dans le temps, dans le devenir, ressentirons toujours comme une durée infinie ce rapprochement de soi à un soi plus profond, si paradoxal que cela paraisse.

La réalisation de soi est donc à la fois réalisation de ce qui est toujours déjà réalisé ; et en même temps, elle est toujours à réaliser. C'est cela la vie intérieure.

Dieu est présent, je baigne en lui comme en mon élément le plus intime, et pourtant Dieu se dérobe. Plus je le réalise, plus je réalise que ce qui est à réaliser me dépasse. Or ceci m'humilie, de sorte que je m'ouvre encore plus, ce qui ouvre un cercle vertueux qui va à rebours des cercles vicieux de la vie ordinaire.

Et l'essence manifestatrice de ce Seigneur n'est jamais occultée par ce monde. Comment ce monde actuellement manifesté pourrait-il occulter le Soi, alors qu'il est fondé par sa Manifestation, sa Lumière

consciente, et animé par lui ? Et lui ayant fait obstacle, en quel sens lui-même existerait-il ?

Quand on parle de réalisation spirituelle, il est souvent question de purification, de "travail sur soi". Ou alors, après une expérience de silence et de félicité, on se demande comment la "garder" au milieu de l'agitation du quotidien.

Or, rien ne peut réellement, concrètement, voiler la Lumière consciente. Car si, par hypothèse, elle cessait de briller, tout sombrerait dans le néant, ce serait la fin de toute expérience, spirituelle ou non. Elle est donc ininterrompue. Elle brille à chaque instant.

Plus encore, la présence de telle pensée, de telle image, de tel souvenir ou de telle émotion est la présence de ce que l'on appelle, ici, conscience.

Mais la conscience est aussi un pouvoir de "se prendre pour". Elle n'est pas une pure essence immuable. Elle est mouvement, capacité de s'oublier et de "s'identifier à" certaines chose en s'opposant à d'autres, par exemple à tel corps face à tel autre. Ce pouvoir de se tromper soi-même, de se prendre au jeu de l'individualité, justifie le désir de se reconnaître.

Toutefois, il reste que tout ceci est la libre lumière qui brille d'elle-même par jeu, indépendamment de toute cause extérieure. Et que donc elle est présente à chaque instant. Et que donc il n'y a pas de voile entre moi et elle.

Croire le contraire, ce serait comme croire qu'il y a un endroit qui me sépare de l'espace alors que, de fait, tout endroit est déjà entièrement "dans" l'espace. Il n'y a nul espace à traverser avant d'être dans l'espace. Il n'est pas non plus nécessaire de faire de la place à l'espace pour préparer sa venue, car tout cela présuppose l'espace et n'est possible que par lui. Sentir que je manque d'espace n'est possible que parce que mon corps occupe déjà l'espace.

Comprendre cela, vivre cela, du plus profond de notre être, ne dépend de rien d'autre. Il n'y a aucune préparation requise. La conscience est absolument libre. Par jeu, elle s'enferme. Librement. Et c'est aussi librement qu'elle se reconnaît libre. La conscience ne dépend de rien d'autre qu'elle-même. Rien ne peut l'empêcher de briller. Tout ce qui brille est déjà sa lumière. Réaliser cela possède un pouvoir libérateur inimaginable, et toujours sous-estimé.

Nous manquons d'ardeur (âdara), nous négligeons l'évidence (anâdara). D'où l'importance de la compréhension. L'expérience, c'est-à-dire Dieu, la conscience, le Soi, est compatible avec l'ignorance, la négligence, l'aveuglement. Seule la compréhension, qui est ce pouvoir de s'éveiller gratuitement et gracieusement, peut contrer cet autre pouvoir divin qu'est la magie de l'oubli de soi.

Comprendre quoi ?

Comprendre que l'expérience qui m'empêche de voir le soleil de la conscience est un rayon de ce soleil. Comment le soleil pourrait-il être obscurci par sa propre lumière ? La lumière brille, voilà tout.

Et la même réalisation vaut pour le quotidien. Le point clé est de réaliser que tout est, concrètement et à chaque instant, lumière, illumination, manifestation libre qui est Lumière infinie.

Si je crois que cette Lumière est obscurcie, cette croyance est lumière elle aussi, sans quoi je n'en aurais pas conscience.

Simplement, en tant que conscience j'ai ce pouvoir de faire attention à telle chose en excluant le reste. Pouvoir extraordinaire d'oublier le tout pour m'attacher à un fragment. D'exclure la Lumière pour m'attacher à des reflets.

La Lumière ne brille pas malgré les pensées, mais à travers elles, comme à travers des vitraux. Elle est la substance même des pensées. Non seulement les pensées ne peuvent l'empêcher de briller, pas plus que la lumière du soleil ne peut empêcher le soleil de briller, mais encore elles sont la lumière de la Lumière, ses rayons, ses irradiations.

Mais s'habituer à faire attention à la Lumière même, indifférenciée, à la lumière-source, prend du temps. Quand nous faisons attention aux rayons, nous, Lumière, nous oublions la Lumière, nous nous oublions nous-mêmes.

Nous focaliser sur un fragment exclue le tout. Il faut donc oublier les fragments pour voir le Tout. Ensuite, nous pouvons voir les rayons comme Lumière, sur fond de Lumière. C'est cela la vie intérieure selon le shivaïsme du Cachemire.

Et par conséquent, la vraie nature du (monde) est l'essence du sujet conscient, (c'est-à-dire le Seigneur lui-même) qui prouve et réfute (sa propre existence). C'est lui qui rend possible les jugements synthétiques que sont les raisonnements du type : « Ceci est une preuve, cela est une contre preuve » au sujet de cette réalité. On doit inférer la vraie nature du réel en se posant la question « Qu'est-ce qui peut faire connaître sa vraie nature ? Qu'est-ce qui peut faire connaître pareille essence ? » Et ainsi, le fait que le grand Seigneur établi avant (toutes les choses de ce monde) est évident par soi en tant qu'essence du questionneur, est établi par notre propre expérience.

Dieu existe t-il ? Si Dieu est la conscience, alors la question est vaine, en ce sens qu'il n'est pas nécessaire de prouver ce qui est évident, ce qui est connu par soi. Or, la conscience est connue par elle-même, elle qui fait connaître tout le reste. On a certes besoin d'une lampe et de sa lumière pour éclairer. Mais à quoi bon une lampe pour éclairer cette lampe . Elle est à elle-même sa propre lumière. A quoi bon un moyen de faire connaître ce qui est toujours déjà connu ? Autant chercher à illuminer la lumière !

Cette approche ne cherche pas à faire connaître l'évidence. La conscience est toujours déjà connue, sans quoi rien ne serait connu. Le but n'est donc pas de faire une expérience spéciale de la conscience. Bien plutôt, il s'agit de reconnaître Dieu en cette conscience.

Nous avons une expérience, intime et évidente ; mais banale, semble-t-il. D'autre part, nous avons l'idée d'un divin extraordinaire, mais lointain semble-t-il. La reconnaissance consiste simplement à faire le rapprochement entre les deux, en supprimant l'idée que l'expérience est banale, d'une part ; et en supprimant l'idée que Dieu est lointain, de l'autre. Je vis alors une expérience nouvelle, une compréhension du type "je suis conscience qui est Dieu omniprésent et omnipotent", "cette conscience immédiate est Dieu".

Le plus immédiat, le plus intime est reconnu pour le plus transcendant, le plus fort, le plus extraordinaire. C'est cela, et cela seulement, qui a le pouvoir de renouveler la vie.

Les moyens de connaissance sont au nombre de trois dans la plupart des philosophies de l'Inde : l'expérience directe, qui peut être sensible ou spirituelle ; le raisonnement, qui vient compléter les lacunes de l'expérience directe ; et le témoignage valide, qui vint lui-même compléter les lacunes de la raison. A chaque fois, un moyen de connaissance vient compléter les lacunes du précédent.

La perception elle-même n'est un moyen de connaissance que dans la mesure où elle fait connaître quelque chose de nouveau, quelque chose qui, jusque-là, n'était pas connu. Or, la Lumière conscience est la condition de possibilité de toute connaissance, et même de toute ignorance, en ce sens que, sans elle, il ne serait pas même possible d'en arriver à un quelconque "je ne sais pas". Elle est donc, en ce sens, toujours déjà connue. La seule chose à faire pour jouir de sa liberté est de la reconnaître, c'est-à-dire de reconnaître justement sa liberté souveraine en chaque aspect de l'expérience.

Pour la reconnaître directement, il faut aller à contresens de la connaissance : retourner le regard et, au lieu d'interroger les choses, interroger cela même qui, en chacun de nous, connaît. En ce sens, sa connaissance est une inconnaissance, un "je ne sais pas" à l'égard de toutes choses.

Autrement dit, pour se reconnaître, la Lumière doit s'illuminer elle-même, par elle-même, car elle est elle-même la condition de possibilité de toute connaissance, de toute expérience. Elle est l'existence même de tout ce qui existe, et la présence de tout ce qui se présente. La connaître, c'est en fait se connaître soi-même, avant toute perception, avant toute conception.

Dieu "existe" parce qu'il est l'existence même, parce qu'il est cette Lumière qui cherche à mettre Dieu en lumière. Reconnaître Dieu en soi, c'est simplement reconnaître cela qui, en nous, connait, reconnaître cette Lumière qui se cristallise en toute forme, en toute couleur, mais qui est elle-même transparente.

Répondre à la question "Dieu existe-t-il ?", c'est simplement prendre conscience de la source de la question.

En outre c'est en s'appuyant sur le moyen de connaissance (qu'est la perception par les cinq sens) que ce moyen de connaissance (qu'est l'inférence) devient valide. Or, les objets perçus directement, tels que sentiments, perceptions, sensations et corps, sont subordonnés à - et transcendés par - l'essence du sujet connaissant toujours actuellement manifesté, lieu de repos de toutes ces cognitions. Pour le prouver, quelle peut-être l'utilité de ces moyens de connaissance qui ne servent qu'à manifester des objets jamais vu (alors que le Seigneur est toujours déjà-là) ?

Dans le précédent passage, l'auteur montrait que tout raisonnement, toute preuve pour ou contre l'existence de la conscience, présuppose la conscience.

Ici, il montre la même chose, mais dans le domaine des perceptions et de l'expérience directe. Ainsi, il est vain de chercher à faire l'expérience de la conscience, comme il serait vain de vouloir éclairer le soleil avec une luciole. C'est Dieu qui éclaire les preuves pour ou contre son existence. De même, c'est la conscience qui éclaire toutes les expériences, avec ou sans pensées.

L'essentiel est de le comprendre, de reconnaître que tous les possibles appartiennent à la conscience. La marque de la présence de cette compréhension profonde est que l'on n'aspire plus à une expérience spéciale. Toute expérience est le sanctuaire où la conscience s'éveille à elle-même. C'est aussi simple et aussi radical que cela.

Et ainsi, le déploiement (des choses de ce monde analysé) en trente-six éléments ou catégories, parce qu'elle a pour essence la Prise de conscience transcendante « je » en sa plénitude, « consistant en la totalité des sons », n'est autre que le suprême Shiva.

Ce monde de l'expérience, avec ses éléments constituants et ses plans d'être ou ses niveaux de conscience, constitue une liste traditionnelle de trente-six principes.

On peut approcher cette liste de bien des manières.

Sous un angle narratif, d'abord, elle raconte l'histoire de l'être universel, cosmogonie qui recommence à chaque instant, à chaque nouvelle pensée, à chaque désir, chaque émotion, chaque perception, chaque remémoration.

A l'origine, donc, il n'y a que... tout. Mais, indifférencié, ce tout est comme rien, car rien ne s'est encore distingué. Être, ou non-être pur, comme on voudra.

Puis cette plénitude simplement consciente d'elle-même, mais d'une manière si simple qu'elle confine à l'inconscience, se met à aller vers elle-même. L'être devient puissance, shakti. Cette émotion ineffable est un désir qui porte en lui les infinis possibles. Il en reste encore une trace : la sensation du "je", insaisissable, mais toujours présente, et parfois à l'état brut, quand elle ne s'identifie pas trop à quelque chose.

Ensuite, ce désir de soi, ce ressaisissement de soi comme toute-possibilité qui est l'essence de toute subjectivité, de toute vie, s'apparaît comme néant. L'être prend conscience de soi comme n'étant rien. Pure transcendance au-delà de tout.

Ensuite, cet Acte d'auto-création par réflexion devient le tout : "je suis tout". Une dualité s'esquisse, un "cela" distingué d'un "je"... mais la conscience du cela est une conscience de soi, immergée dans l'espace homogène et bien vivant du "je". Et puis, même si, au plan suivant, celui dit "du Seigneur", ce tout se met à vivre comme de sa vie propre, il demeure infusé de la conscience que tout "ceci" est en réalité un jeu.

Mais il s'en faut de peu. L'être prend conscience de soi comme d'un autre, car en ce jeu consiste précisément sa liberté souveraine, sa "subjectivité". *Aham-tâ*, en sanskrit : le fait d'être "je". Contrairement à une chose, qui se contente d'être, simplement identique à elle-même, la conscience est se pouvoir singulier d'être "conscience de" soi comme ceci ou cela. Et ce pouvoir change tout. La conscience est possibilité d'écart, de "se prendre pour", et donc de se méprendre, puis de se reprendre. La conscience est plus que l'être. Grâce à elle ou à cause d'elle, l'être que je suis se juge, se pense, s'imagine, s'oublie... La conscience, comme identification et distinction, est le cœur originel de tout acte créateur. Cet écart entre soi et soi, qui est liberté absolue, indépendance radicale, est aussi ce qui rend possible l'identification à l'autre, la méprise de soi comme étant autre, bref l'aliénation.

Cette liberté, qui au fond est synonyme de conscience, ouvre les voies de l'extase créatrice, mais aussi les méandres de l'existence douloureuse aux mille détours, le samsara. Et toutes ces possibilités sont enveloppées dans le jeu de l'être, le jeu de la conscience, capacité absolue de se perdre et de se retrouver, par jeu, gratuitement.

Tout est jeu, même le pire. Il y a à la fois sécurité assurée, car rien ne peut exister en dehors de la conscience de soi - toute conscience d'autre chose est une conscience de soi transformée ; et aventure, car les possibles ont illimités. Voilà pourquoi nous aspirons à la fois à la stabilité en tous, sans jamais nous trouver satisfaits en rien.

Parvenue à cette extrémité de la manifestation de soi comme autre que soi, au bout de ce jeu de l'altérité qui est le "soi" de l'être conscient, la conscience peut se ressaisir comme "je", comme subjectivité, reconnaître que le monde, l'objet, l'autre, est aussi une manifestation de soi.

A ce plan d'être, il existe déjà des individus, des "Mantras", sortes d'anges qui vivent avec un corps, des organes et dans des univers variés, mais qui vivent tout cela dans la conscience que chaque objet est, en son fond, conscience de soi : "je suis je", mouvement circulaire de soi à soi.

Parfois cependant, et sans que l'on sache trop pourquoi, ce retour à l'équilibre n'a pas lieu. La conscience continue de se prendre pour un autre (le monde), et de prendre une partie de cet "autre" pour soi (le corps, la personnalité).

Cet oubli total est le seuil d'entrée dans le devenir douloureux, le samsara. Et ce pouvoir que possède l'être de se prendre pour un autre jusqu'à se perdre dans ce jeu d'identification est nommé Mâyâ, la magicienne. Mâyâ est simplement la conscience, en tant que sa liberté implique cet étrange pouvoir de se faire comme étrangère à elle-même, de se tromper soi-même. Ainsi, étant conscient de soi, l'être se perd dans les méandres de ses pouvoirs, aveuglé par ses possibilités, "comme un joyau caché par son propre éclat".

Ces mondes de la Mâyâ peuvent être paradisiaques, pour certains. Cependant, ils portent tous la marque de la souffrance. Non pas à cause de la dualité. La séparation entre le sujet et l'objet n'est pas, en elle-même, la cause de la souffrance. Au contraire, un écart entre soi et Soi est nécessaire pour vivre, ressentir et éprouver du plaisir, de la joie, se tourner vers le vrai, le bon et le beau.

Mais quand cette dualité n'est plus vécue comme manifestation de l'unité, alors la souffrance commence. Quand la forme est vue dans l'oubli du fond, elle se fait difforme. La sensation de manque apparaît. Ce ressenti obscur, qui est à la base de tous nos désirs humains, ne doit toutefois pas être confondu avec l'individualité.

Comme nous l'avons dit, il existe, selon la religion de Shiva et la plupart des autres traditions, des êtres qui vivent dans l'unité, mais avec une individualité. Ce sont, en gros, les "anges", les Mantras. Ils vivent plus ou moins dans la dualité et *à la fois* dans l'unité, mais ils ont une existence.

Ce qui cause la souffrance, ça n'est pas l'individualité, mais la croyance que cette individualité est absolument, réellement, entièrement autre chose que la conscience universelle créatrice, l'unité fondamentale.

Apparait alors la croyance en un monde qui existe en dehors de "ma" conscience, elle-même considérée, à tort, comme séparée des autres consciences, alors qu'en réalité il n'y a qu'une seule conscience qui joue à être différents personnages.

Enfin, à partir de cette dualité extrême, se forme la croyance à la dualité du bien et du mal, la croyance aux conséquences des actes, le fameux karma. Cette croyance s'exprime des les morales du monde, qui emprisonnent un peu plus la conscience en lui faisant espérer des récompenses lointaines, alors que tout ceci est le jeu de ses propres pouvoirs.

L'inhibition souille la conscience, mais il faut se rappeler que cette déchéance fait partie d'un divertissement libre et gratuit, quelques soient les drames qui s'ensuivent : vieillesse, maladie, mort, ignorance, superstition, violence, etc.

Toutefois, l'oubli n'est jamais total. La lumière reste présente au sein des ténèbres : elle est la "pure science" présente à différents degrés dans les mondes de la Mâyâ, de l'illusion dualiste. En chaque être, elle est la conscience et, plus encore, elle est liberté et subjectivité. Car être un sujet, un ego, c'est être doué du pouvoir d'agir, d'imaginer et de créer, même si ces possibilités sont limitées. La liberté est limitée par le corps et les croyances, mais elle est bien là.

Conscience et liberté son inséparable. Or, la conscience est nécessairement présente, puisque si elle était absente, absolument aucune expérience ne serait possible. Il y a donc, nécessairement, un certain degré de liberté, jusque dans les êtres doués des plus bas degrés de conscience.

Dans les mondes de l'illusion, il y a aussi les Mantras qui agissent de manière mystérieuse, à l'image des anges-gardiens. Concrètement, ils sont des mots et des sons. Ils sont comme les membres de ce corps qu'est la conscience. De même que différents organes ont différents pouvoirs, ils ont aussi différentes "missions".

Par exemple, ils aident à unir une âme avec Dieu, c'est-à-dire, en termes d'expériences directe, ils incarnent le réveil de la conscience.

La conscience est "la masse des sons" ou des mots, *shabda* en sanskrit. Que signifie cette expression étrange ? Tout simplement que la conscience "contient" tous les possibles, les possibles étant les "mots", les expériences où les états de la conscience.

Pour le dire autrement, la conscience est comme un mot qui "dit" toutes choses. Et ce mot, cette parole qui sous-tend toutes les autres est "je". Or, ce mot se diffracte, se décline librement en se réfléchissant sur lui-même, et devient les mots des langues du monde, qui créent ces mondes. Ou plutôt, les langues engendrent les mondes en s'unissant à l'être.

Les mots et les choses sont inséparables, comme Shiva et Shakti. Tout naît du jeu amoureux du sujet (Shakti, le langage) et de l'objet (Shiva, les choses). La plupart des mots sont des shaktis "mondaines", qui construisent nos univers subjectifs et collectifs. Ces mots reposent sur des phonèmes, des sons, qui sont les "matrices" de nos mondes. Selon la tradition, ce sont des mères, car ce sont ces sons qui, en se combinant, donnent naissance à nos personnalités, nos mentalités, nos attitudes et nos réactions. Ce sont ces énergies sonores et linguistiques qui déterminent ce que nous croyons être.

En ce sens, elles sont assez terrifiantes, et on les compare à des sortes de sorcières qui nous tiennent prisonnières du samsara. Les langues ordinaires sont, en effet, le principal outil de l'asservissement de la conscience par elle-même.

Et bien sûr, le langage n'est pas le propre de l'homme : toute conscience étant de nature linguistique, et la conscience étant omniprésente, tout être est doué de parole, quoi que cette parole ne soit pas nécessairement articulée, ni faite d'autres choses que de signes.

Un "mot" est essentiellement l'acte par lequel un être se projette vers autre chose que son être propre, c'est la "conscience de" ; ou encore, c'est la conscience qu'une chose n'est pas seulement une chose, mais qu'elle renvoie à autre chose au-delà d'elle-même, comme le mot "bleu" est bien autre chose qu'un son ou une "vibration".

Le propre de la parole n'est pas dans sa nature, grossière ou subtile, de "vibration", mais dans son pouvoir de pointer au-delà d'elle-même.

Or certains mots portent en eux le pouvoir de la pleine conscience, non asservie par aucune illusion. Ces mots sont les Mantras, ces êtres qui sont des signes qui ont le pouvoir de renvoyer, non pas à d'autres choses, mais à la conscience universelle.

Les Mantras ne tiennent pas leur pouvoir d'une quelconque vibration - sauf à entendre ce mot comme un synonyme de la conscience - mais bien de leur capacité à propulser la conscience vers elle-même, au-delà de toute identification à un objet limité.

C'est pourquoi le Mantra suprême est simplement le mot "je", ce mot unique qui possède le pouvoir de renvoyer le sujet à lui-même, de retourner le regard vers sa source.

Par l'efficace du "je" dépouillé, le "je suis cela" devient "je suis je". La fuite de la conscience dans le labyrinthe de ses créations se convertit en la boucle bienheureuse de l'amour, sorte de mystère qui n'est pas sans rapport avec le mystère de la Trinité.

La conscience poursuite ainsi sa course dans l'illusion, jusqu'à de prendre pour son opposé : la matière, inerte, privé de conscience et de liberté. Il y aurait beaucoup à dire encore sur cette liste, matière à d'infinies découvertes, mais l'essentiel est dit. L'être, absolument conscient et libre, joue à l'inconscience et à l'esclavage, comme emporté par sa conscience et sa liberté mêmes.

Notre texte décrit ensuite brièvement chacun des niveaux d'être que nous venons de présenter sous l'angle narratif.

Reprenons-le juste après, avec ce verset tiré du *Tantra de la Suprême, souveraine des trois Puissances*, texte dont notre petit texte est une sorte de résumé et d'introduction :

De même que le grand arbre
Existe en puissance dans la graine du figuier sacré,

*De même ce monde mobile et immobile
Existe dans le Germe du Cœur.*

Ceci signifie que toutes les expériences possibles préexistent dans l'Acte conscient "je suis je" et n'en sont que l'expansion, comme nous venons de l'expliquer. Toutes proportions gardées, c'est comme une intuition qui se déploie peu à peu à travers le temps et l'espace ; comme un désir qui se transforme en actes. "Je suis je" devient "je veux". "Je veux" devient "je veux cela", et ainsi de suite, jusqu'aux activités quotidiennes.

Après avoir décrit cette évolution, notre texte évoque, encore plus brièvement, l'involution, ou le retour des infinis possibles dans le sein de l'espace-conscience qu'ils n'ont jamais quitté :

De même que l'argile est la substance ultime des cruches, plats, etc. qui sont des transformations de l'argile ; ou bien de même que, par l'examen de (divers) genres de substances telles que l'eau, etc., il ne demeure comme substance établie que ce qu'il y a de commun à l'eau (à la glace), etc., (à savoir la fluidité), de même, en examinant diligemment le principe réel des catégories allant de l'élément Terre à l'Illusion, il ne restera que l'être.

Le mouvement est facile à comprendre : aller des accidents vers l'être, comme on pourrait aller des formes complexes vers la matière simple. Si l'on fait abstraction des différences, du changement, du "ceci" et du "cela", tout *est*. Il ne reste que le pur fait d'être. Simple.

Pour beaucoup de spiritualités, mêmes "non-duelles", le voyage s'arrêterait là. L'être immuable est la réalité, fin de l'histoire. Mais ici, il y a un au-delà de l'être : l'énergie (*shakti*), le mouvement, c'est-à-dire la conscience.

En un sens, la conscience est supérieure à l'être, Shakti est plus essentielle que Shiva, car sans conscience, point d'être, fut-il réel ou même, imaginaire. Pas d'illusion non plus. Ni unité, ni dualité.

Ou plutôt, l'être est en réalité énergie, pouvoir. Quel pouvoir ? Trois pouvoirs, symbolisés par les pointes d'un trident de gnose : le pouvoir de désirer ; le pouvoir de percevoir ; le pouvoir d'agir, de créer. D'autres suivent, innombrables, qui vont en se combinant et en s'accouplant sans fin, mais ces trois la sont la source, représentés par le son "au", lequel s'écrit à l'aide d'une lettre qui ressemble à un triangle.

En état de fusion, ils sont l'extase créatrice, le cœur de la conscience, exprimé par l'expiration sourde "hhh..." représentée par deux points ":", face-à-face de la conscience et du monde, de soi à Soi. Cette relation est le pouvoir de liberté, c'est-à-dire le pouvoir de se prendre pour un autre que soi, tout en restant soi; cette identité dynamique, cet équilibre instable, est le privilège de la conscience.

Elle seule peut se transformer tout en restant ce qu'elle est. Et son Soi, son propre, est précisément ce pouvoir de n'être limité à rien, fut-ce à soi. Alors que tout est confiné dans des limites, la conscience n'est pas enfermée dans son être "immuable". Elle est pouvoir, possibilité. Sans cela, elle ne serait pas conscience. Et l'être ne serait pas être.

Nous touchons ici encore le point central de cette pensée.

Être soi, quand on est conscient, c'est ne pas être prisonnier de soi, fut-ce d'un "Soi" permanent et infini. La conscience qui serait prisonnière de l'être, d'une stase absolument et perpétuellement immobile, serait une pure inconscience, privée de toute indépendance. Ce qui est justement l'état de la matière.

Voilà pourquoi cet enseignements e distingue et s'oppose à celui de l'Advaïta Védânta, pour qui l'absolu n'est qu'un être pur, sans désir ni frémissement. Pour le shivaïsme du Cachemire, être, conscience, désir, émotion, pensée et activité sont synonymes et inséparables. Ainsi, cette philosophie nouvelle bouleverse en profondeur les présupposés des traditions indiennes antérieures.

Et donc, ce "trident" d'énergies fusionne et devient extase créatrice pure, fusion sans confusion de tous les pouvoirs, de tous les possibles : *réconciliation* de l'unité et de la dualité, et non pas simplement *disparition* de la dualité dans l'unité. Si l'on ne comprend pas ce point, alors le shivaïsme du Cachemire et sa philosophie, dite de la Reconnaissance, passeront pour une sagesse "non-duelle" de plus, cachée dans cette nuit dans laquelle tous les chats sont gris, faute de pouvoir en discerner les nuances.

Cette intégration, ultime synthèse de tout, est le Cœur, qui ne désigne pas ici une vague et éphémère expérience "cosmique", mais l'intuition profonde que tout est un, unifié et animé d'un même souffle. Cette unité est dualité : telle est "l'ultime non-dualité" (*parama-advaita*) offerte par cette philosophie originale.

Cette union vécue est l'extase créatrice dans toutes ses dimensions : à la fois "supérieure", dans l'unité, et "inférieure", dans la dualité.

Cet état de pleine conscience réconcilié, intégré et unifié, est aussi "le grand Mantra" à la fois transcendant et immanent.

C'est pourquoi l'être qui le réalise est à la fois en ce monde et au-delà : il est rien et tout. Il est donc "libre en cette vie même" (*jîvan-mukta*), c'est-à-dire qu'il vit cette liberté absolue dans son incarnation même, dans un paradoxe vivant de l'individuel et de l'universel qui n'est pas sans rappeler celui du Christ :

Demeurant en vie, se conduisant comme tout le monde, il est pourtant libéré dès cette vie.

Et telle est l'initiation "selon le sens ultime", en sa vérité. L'initiation n'est pas un rituel, ni une expérience surnaturelle particulière, mais la vie vraie. Evidemment, c'est un idéal. Un horizon. Une synthèse "ultime" qui oriente, nourrit et éclaire l'existence, et non une conclusion, ni un état dont on pourrait s'emparer.

Il n'y a pas de signe. Nulle aura spéciale. Il s'agit d'une expérience intime, d'une certitude subjective, une "foi nue", diront certains, voire une espérance.

Et tout ceci - tout - y-compris nos différentes, voire divergentes, opinions, est Shiva, le suprême Shiva : tout imprévu est enveloppé par avance dans l'histoire de l'absolu jouant avec lui-même. Mais nul n'en connaît le détail à l'avance. Le chemin de l'étonnement apparaît à chaque pas.

www.ingramcontent.com/pod-product-compliance
Lightning Source LLC
Chambersburg PA
CBHW071326040426
42444CB00009B/2096